# JEAN MOULIN,
## HÉROS DE LA RÉSISTANCE

Bertrand Solet

**Histoire et Société**

oskar
éditeur

# La guerre

chapitre 1

L'homme avait avalé une bonne partie du contenu de son assiette. Rassasié, il s'adressa à ses voisins, assis comme lui autour de l'une des tables dressées à l'intérieur de la cathédrale de Chartres. Sa voix était pleine d'une sourde indignation :

– Je n'aurais jamais imaginé une chose pareille, dit-il. Je viens du nord à pied, avec ma femme, nos valises à la main. C'est déjà dur, mais hier on a connu le pire. Nous marchions sur la route au milieu de bien d'autres. Soudain, des avions sont apparus dans le ciel. Deux avions allemands, avec la croix gammée, qui nous ont survolés à basse altitude en vrombissant. Ils se sont éloignés, puis ont fait demi-tour, et là, en passant, ils ont tiré sur nous de longues rafales de mitrailleuse. Tout le monde s'est jeté à terre en hurlant de peur, dans les fossés, sous les véhicules, à l'abri des arbres... Je vous jure qu'il n'y avait aucun soldat parmi nous, juste des civils, des réfugiés. Ma femme et moi, nous n'avons pas été touchés, mais d'autres sont morts, ou ont été blessés, des vieillards, des enfants. C'est terrible, non ? Tout ce sang...

– On a vu la même chose, fit quelqu'un en soupirant, c'est la guerre.

Jean Moulin n'en écouta pas davantage. Il s'éloigna, le cœur serré. Il ne devait pas s'apitoyer. Il ne s'agissait plus aujourd'hui de faire appliquer la loi, de présider des réunions, de serrer des mains, de prononcer des discours. Non, sa mission avait changé, il n'avait pas l'habitude, mais il fallait faire face.

À peine un mois après l'offensive des armées allemandes au printemps 1940, les premiers réfugiés étaient apparus à Chartres, chef-lieu du département d'Eure-et-Loir, dont il était le préfet, le plus jeune préfet de France, seulement âgé de quarante et un an.

Au début, les réfugiés passaient plutôt en voiture, en autocar, en camion. Très vite apparurent les vélos, les véhicules de ferme tirés par des chevaux et souvent par des hommes, et aussi des poussettes, des landaus, des brouettes même, chargées d'un infirme ou d'une femme enceinte, un paquet sur les genoux.

Mais la majorité des fuyards se composait de piétons, fatigués, hagards, emportés par la crainte des batailles et de l'invasion ennemie. Ils venaient de Belgique, du nord de la France, de la région parisienne...

Jean Moulin s'installa dans sa voiture de fonction, une Hotchkiss. Ces jours-ci, une jeune infirmière lui servait de chauffeur, Jane Boullen, qu'il appelait Petit Boullen, à cause de son air de gosse effronté et rieur.

Elle venait de la Somme avec l'équipe médicale d'un médecin ami de Jean Moulin. Chartres était un lieu de passage tant pour les civils que pour les militaires français battant en retraite. L'équipe était repartie vers le sud, Petit Boullen était restée.

— Je dois vérifier si nous avons encore assez de nourriture pour les réfugiés, murmura le préfet. Leur nombre augmente sans cesse, et ils n'emportent que peu de provisions avec eux.

— C'est vrai, monsieur, mais vous devriez penser à vous reposer un peu, ce ne serait pas du luxe.

— Bien sûr... Je me fais aussi du souci pour les médicaments et le matériel chirurgical. Nous sommes débordés. Qu'attendez-vous pour démarrer, Petit Boullen ? Nous avons notre tournée à faire dans le département.

— Tout de suite, monsieur le préfet.

La tournée s'avéra ce jour-là encore plus utile que d'habitude : des trains venant de Rouen, chargés de malades et de blessés, étaient immobilisés en pleine campagne, en raison de rails détruits par les bombes. Ce ne fut pas une mince affaire que d'organiser des convois sanitaires d'évacuation...

Oui, la guerre n'avait vraiment débuté que depuis un peu plus d'un mois, et déjà l'ennemi s'annonçait à l'horizon de Chartres, sans rencontrer nulle part une résistance sérieuse. Le grand état-major avait décidé, allez savoir pourquoi, un repli général jusqu'à la Loire. Ensuite seulement, on allait se battre. Peu de gens comprenaient cette stratégie et beaucoup s'indignaient, surtout les soldats.

Les jours suivants, les bombardements prirent de

l'ampleur : ils atteignirent d'abord le terrain d'aviation et la gare, puis les quartiers périphériques de la ville, et enfin le centre-ville, où nombre de réfugiés reprenaient leur souffle. Les avions ennemis semaient partout la désolation et la mort. La terreur séparait brusquement des familles surprises ; dans le fracas des bombes, des hommes cherchaient leurs compagnes parmi la foule qui courait en tous sens ; des femmes appelaient leurs enfants, tremblant de les retrouver à terre, couverts de sang ; les petits n'en pouvaient plus de voir autour d'eux les murs qui s'écroulaient, d'entendre les hurlements, de ressentir cette épouvante incompréhensible...

Jean Moulin protestait en vain devant les ordres d'évacuation que recevaient les principales administrations. Tout se trouvait désorganisé. Le téléphone cessa de fonctionner, puis l'électricité. Lorsque le dépôt d'essence de la base aérienne explosa, les pompiers venaient de quitter Chartres, sur ordre, emportant leur matériel ; bien d'autres incendies faisaient rage un peu partout... Mais le manque de pompiers importait peu, finalement, puisque les responsables du service des Eaux étaient partis en verrouillant soigneusement les vannes, si bien que les robinets, eux aussi, se retrouvèrent hors service...

# Faire face | chapitre 2

Devant l'avance des ennemis, le désordre et les bombardements, les Chartrains prirent à leur tour le chemin de l'exode, en hâte, abandonnant leurs biens. Il ne resta bientôt en ville que quelques centaines d'habitants.

– Monsieur le préfet, insistait Jane Boullen, vous devriez dormir un peu, et manger quelque chose de chaud...

– Vous avez raison. Mais organisons-nous d'abord. Des braves gens nous offrent leur aide, la vie continue. Nous devons faire fonctionner au moins une ou deux boulangeries, mettre en place des corvées d'eau à partir des puits, faire ramasser des légumes dans les jardins, nous occuper des hébergements, des malades, distribuer des repas, veiller à l'ordre public...

Petit Boullen hochait la tête.

À la gare, une foule bruyante et insistante cherchait

un train pour n'importe où, assiégeant les guichets, n'écoutant pas les explications que quelques employés débordés tentaient de leur fournir.

Jean Moulin soupira en voyant ce spectacle. Il se sentait impuissant, il venait seulement annoncer aux gens que la préfecture offrait un abri pour la nuit à ceux qui ne savaient où aller.

Et voilà qu'à nouveau un grondement se fit entendre dans le ciel. Personne n'y prêta d'abord attention. Mais lorsque les avions furent au-dessus des têtes et que les bombes commencèrent à tomber, avec leur bruit effrayant et leurs gerbes de feu, ce fut comme d'habitude, la fuite en tous sens et les cris de terreur...

– Petit Boullen, cachez-vous sous ce wagon !

Le préfet aidait les moins rapides à se mettre à l'abri, sans songer à s'abriter lui-même...

Les avions s'en allèrent, des corps gisaient à terre, de la fumée s'élevait d'un bâtiment atteint... Près de Jean Moulin une femme passa en courant, l'air hagard, serrant deux enfants dans ses bras. Jean Moulin la regarda, le souffle coupé. Il s'immobilisa. Brusquement il se sentit fatigué, découragé ; il murmura : « C'est fini. »

Le soir même, il fit partir Jane Boullen, lui confiant une lettre et des papiers personnels pour sa sœur Laure, qui habitait Montpellier.

Il avait repris son calme. Ses derniers mots pour la jeune femme furent : « Il faut tenir, Petit Boullen. »

Dans la nuit, Jean Moulin reçut la visite d'un ami, le commandant Manhès, militaire de passage à Chartres comme bien d'autres. Il avait connu l'officier à l'époque où ce dernier faisait partie du cabinet de Pierre Cot, ministre de l'Air dans le gouvernement issu de la victoire du Front populaire, en 1936. Cette rencontre lui fit du bien.

Les deux hommes discutèrent longuement ; ils savaient que les Allemands venaient d'entrer à Paris le jour même, et que le maréchal Pétain demandait l'armistice, c'est-à-dire la suspension des combats, un premier pas vers la soumission. L'avenir s'annonçait sous de sombres couleurs ; ils imaginaient une longue guerre en Europe et l'occupation du pays. Ensemble, malgré leur tristesse, ils se promirent de ne pas céder à l'ennemi, de résister.

Le dernier train avait quitté la gare de Chartres ; il ne restait plus en ville aucun autocar, aucun autobus, aucun véhicule disponible. Servi par un hasard presque miraculeux, Jean Moulin réussit à arrêter et à réquisitionner deux gros camions vides allant rejoindre une usine implantée dans le Midi. Une centaine d'orphelins de l'asile s'entassa à l'intérieur pour prendre le chemin de Limoges, en profitant d'une courte accalmie des bombardements.

Ces derniers continuaient en effet sans relâche, visant les points stratégiques, ainsi que les détachements de soldats français qui se livraient à des combats d'arrière-garde dans la proche campagne. Les avions mitraillaient aussi les civils, jusque dans les rues de la ville, comme à plaisir.

Ce jour-là commença le pillage des magasins d'alimentation, des cafés et des restaurants abandonnés par leurs propriétaires. Des bijouteries aussi... Il restait encore des traînards sur la route, qui cherchaient à fuir ; à bout de force, ils suppliaient, tendant leurs bras en direction des rares véhicules de passage. Déjà surchargés, les véhicules ne s'arrêtaient pas.

Dans la nuit du 15 au 16 juin, un violent orage éteignit presque tous les incendies. Le matin suivant, des troubles se produisirent parmi les habitants restés en ville. Ils étaient provoqués par des agitateurs recrutés depuis longtemps par les Allemands dans les organisations d'extrême droite. À plusieurs reprises, des membres de ce que l'on appelait alors « la cinquième colonne », haranguèrent les gens, les incitant au pillage, annonçant l'arrivée des soldats nazis qui allaient apporter de la nourriture, rétablir la paix, ouvrir pour tous un bel avenir... Jean Moulin en fit arrêter quelques-uns avec l'aide de soldats, les gendarmes étant partis depuis plusieurs jours déjà.

Au début de la nuit du 16 au 17 juin, les dernières troupes françaises occupant Chartres reçurent l'ordre de se replier. L'ennemi allait arriver d'un moment à l'autre.

La nuit défilèrent les chars d'assaut, les camions, les fantassins...

– On fout le camp, confirmaient les soldats avec amertume.

En les écoutant, Jean Moulin pensa à sa conversation avec Manhès. Quoi qu'il en soit, il fallait résister. Jean Moulin ne se doutait pas que pour lui, la Résistance commencerait dès le lendemain.

# Le premier combat

Il avait revêtu son bel uniforme de préfet, et il attendait les Allemands, impassible, sur le perron de la préfecture dont le portail était grand ouvert. Près de lui se tenaient le représentant de l'évêque, ainsi qu'un membre du conseil municipal, le seul qui soit resté à Chartres.

Vers 7 heures du matin, annoncées par le vrombissement de leurs moteurs, des motos allemandes passèrent dans la rue, puis des automitrailleuses chargées de soldats. Une grosse voiture s'arrêta enfin devant le portail. Trois officiers en sortirent, entrèrent dans la cour. Ils s'avancèrent et vinrent claquer les talons devant Jean Moulin.

L'entrevue fut brève. Après les présentations, les officiers dirent que le préfet devait rester à son poste et informer les habitants que la guerre était terminée pour eux, bien que l'armistice demandé par la France ne fût pas encore accepté. Jean Moulin demanda que l'on respecte la population du département. Il avait voulu cette rencontre solennelle pour bien montrer aux occupants qu'une administration française était toujours en place, et les empêcher ainsi d'en établir une autre, de leur choix et à leurs ordres.

Une garnison s'installa en ville, occupant des maisons, des édifices publics, hissant des drapeaux, déroulant dans les rues des kilomètres de câbles électriques. Les gens regardaient, craintifs, curieux ; tout semblait calme, beaucoup se sentaient soulagés. Ils étaient vivants. Le pillage de certaines boutiques continuait, des soldats allemands y participaient maintenant... Jean Moulin apprit que dans la campagne, une vieille femme avait été fusillée sur place pour s'être opposée à l'occupation de sa ferme. De même un vieil homme, également assassiné sur son lit d'invalide pour avoir protesté avec violence contre l'occupation de son village.

\*\*\*

Ce jour-là, le 17 juin à 18 heures, Jean Moulin commença son premier combat. Il se trouvait dans son bureau lorsqu'un employé vint l'avertir que deux officiers allemands insistaient pour le rencontrer d'urgence.

– Qu'ils entrent.

Le premier était un jeune homme blond, au regard méprisant. Le second, un grand gaillard, les muscles saillants. Ils parlaient un français correct et dirent que leur général voulait voir le préfet et qu'il fallait les suivre.

Jean Moulin obéit, se leva de son siège en leur demandant de quoi il s'agissait.

En pleine rue, les officiers expliquèrent que des soldats noirs de l'armée française avaient massacré des civils, femmes et enfants. Le général avait fait établir un document à ce sujet, il désirait que le préfet le signe avec lui.

Jean Moulin s'étonna, protesta, demanda des explications. Déjà, les trois hommes arrivaient devant un immeuble réquisitionné, gardé par des sentinelles.

Dans une pièce du rez-de-chaussée, un autre officier les attendait, assis derrière une table. Il se leva et tendit à Jean Moulin un papier dactylographié :

— Voilà le protocole, vous n'avez plus qu'à signer.

Jean Moulin prit le papier et lut :

— C'est une infamie ! s'écria-t-il alors, indigné.

À ces mots, l'officier blond bondit sur lui, l'attrapa par le revers de sa veste, grondant :

— Vous insultez l'armée allemande !

— Ce n'est pas en me brutalisant que vous me ferez céder. Je veux des preuves de ce que vous avancez, je veux voir votre général.

— Il a autre chose à faire...

Derrière son bureau, l'officier expliqua que les Allemands avaient toutes les preuves de la culpabilité des tirailleurs sénégalais ; c'était de ces soldats-là qu'il s'agissait : certains étaient passés à l'endroit où l'on avait retrouvé les victimes, et leurs crimes étaient, selon les spécialistes, caractéristiques des violences commises habituellement par les nègres.

Devant cette affirmation raciste, Jean Moulin haussa

les épaules. Cela suffit pour mettre ses interlocuteurs en rage. Ils l'insultèrent.

– Assez discuté, dit l'un d'entre eux.

Il sortit son pistolet, l'appuya sur le dos du préfet en le poussant vers la table.

– Signez !

À nouveau, Jean Moulin refusa. L'un des Allemands le saisit alors et le jeta à terre, avant de le frapper à coups de botte ; l'autre se servit pour cela d'une laisse de chien en cuir. Le préfet protesta avec force, sans vouloir céder. Ses tortionnaires finirent par le relever rudement :

– Vous voulez des preuves, dirent-ils, et bien, vous allez en avoir !

Dans la voiture qui roulait à travers la campagne, Jean Moulin reprit son souffle, essaya de comprendre ce qui lui arrivait. Peut-être que les nazis voulaient tester sa docilité, savoir s'il acceptait de se soumettre à n'importe quelle exigence ?

Jean Moulin ignorait à ce moment-là que de rudes combats venaient d'opposer près de Chartres les troupes allemandes et des détachements de tirailleurs sénégalais de l'armée française, chargés de ralentir leur avance. Fidèles aux théories nazies qui considéraient les Noirs, les Juifs et les Tsiganes comme des êtres inférieurs, les soldats de la Wehrmacht avaient massacré leurs ennemis sans pitié, exécutant les blessés, fusillant les prisonniers. C'était sûrement pour cette raison qu'une signature du préfet risquait de leur être utile comme justificatif de leurs crimes aux yeux de la population...

La voiture s'arrêta dans un hameau perdu et visiblement désert, en pleine campagne. Un corps de ferme se dressait en bordure de la voie ferrée. L'un des officiers ouvrit la porte d'un hangar, fermée à clef, et fit avancer Jean Moulin.

– Regardez, voilà ce que font vos nègres.

Des cadavres se trouvaient alignés par terre, couverts de sang séché, les vêtements déchirés, les visages défigurés.

– Alors, vous allez signer maintenant ?

Dominant son émotion, Jean Moulin se pencha sur les morts.

– Regardez vous-même, fit-il, c'est une erreur, les corps sont criblés d'éclats. Il s'agit de victimes de vos bombardements.

La colère des officiers éclata une nouvelle fois. Ils empoignèrent le préfet, le traînèrent jusqu'à un local voisin, le jetèrent sur un cadavre mutilé et glacé, l'empêchant de se redresser. Ce contact lui donna la nausée ; Jean Moulin n'entendait plus le hurlement strident des officiers, il avait envie de vomir...

Enfin reconduit dans la cour de la ferme, les bourreaux frappèrent à nouveau rageusement leur prisonnier à coups de poing répétés. Instinctivement, Jean Moulin voulut fuir, leur échapper. Il se mit à courir. Des balles de fusil sifflèrent à ses oreilles, on le rattrapa.

Ramené à Chartres, les Allemands, pour le fatiguer, le laissèrent de longues heures debout ; il était menacé par la crosse d'un soldat de garde à la moindre tentative qu'il faisait pour s'asseoir. Lorsqu'un nouvel officier apparut, il protesta, montrant ses blessures au visage et aux mains. Le nouveau venu ricana, se contentant de répéter comme les autres :

– À quoi bon cette résistance inutile ? Réfléchissez. De toute façon, vous signerez demain, de gré ou de force. Nous avons les moyens de vous faire céder.

La nuit était tombée depuis longtemps lorsque Jean Moulin fut enfermé dans une pièce déjà occupée par un tirailleur sénégalais. Il se laissa tomber sur un lit de fortune. L'un des officiers cria :

– On veut vous faire plaisir, vous aimez tant vos nègres ! Vous allez passer la nuit auprès de celui-ci...

La porte se referma. Une clef grinça dans la serrure.

Dans le silence, Jean Moulin réfléchit, épuisé et bouleversé par les événements violents qu'il venait de vivre. Sur le moment, il croyait être arrivé au bout de sa résistance physique ; le lendemain, ce serait pire, il le savait. Les bourreaux arriveraient peut-être à le faire signer de force, de n'importe quelle façon, en le torturant encore davantage. Il ne devait pas courir ce risque, il était impensable qu'il soit complice de cette injustice, impensable qu'on puisse se servir de son nom, de sa fonction, pour accuser à tort des soldats français... Oui, impensable. L'honneur était un mot qu'il chérissait.

Pas moyen de fuir. Des débris de verre jonchaient le sol. Mourir était son seul recours. Il songea à sa mère, puis essaya de se trancher la gorge pour ne pas céder. Le soldat noir dormait, à l'extrémité de la pièce, sans rien entendre.

# Tenir fermement

À cinq heures du matin, Jean Moulin était vivant. Lorsqu'il entendit du bruit derrière la porte, il se dressa péniblement, voulant faire face. Deux soldats entrèrent dans la pièce, invitant à grand bruit leurs prisonniers à se réveiller.

À la vue de Jean Moulin, la gorge ouverte et couvert de sang, ils hurlèrent, affolés. Un médecin-major de l'armée arriva très vite... Un pansement autour du cou, le blessé fut amené à l'hôpital civil. Les seules paroles qu'il réussit à prononcer furent pour innocenter le tirailleur sénégalais enfermé avec lui. Ce dernier venait à peine d'ouvrir les yeux, effaré : il aurait fait un coupable idéal pour les Allemands.

À l'hôpital, un médecin français soigna le blessé ; les officiers tortionnaires de la veille réapparurent, mais la nouvelle de sa tentative de suicide s'ébruita rapidement en ville ; les officiers durent changer d'attitude, ils parlèrent de « malentendu ».

L'un d'entre eux essaya de faire croire aux sœurs de charité que le préfet avait des mœurs « spéciales » :

– Voilà ce qui arrive quand on fréquente un nègre, dit-il, prenant un air scandalisé.

Le même jour, Jean Moulin apprit que les neuf cadavres qu'on lui avait montrés avaient été enterrés comme victimes des bombardements. Il ne s'était pas battu pour rien.

Le même jour aussi, les militaires allemands, ratissant la forêt autour de Chartres, arrêtèrent trois autres tirailleurs sénégalais qui se cachaient. Ils les fusillèrent sur place.

Le même jour enfin, ce 18 juin 1940, à Londres sur l'antenne de la BBC, Charles de Gaulle lançait son fameux appel à la résistance.

*** 

Jean Moulin rentra à la préfecture quelques jours plus tard et se réfugia d'abord dans la loge du concierge. En effet, les Allemands occupaient une partie du bâtiment, et les derniers fonctionnaires encore sur place s'étaient enfuis en apprenant son arrestation.

Ses cicatrices eurent du mal à se refermer, le blessé parlait difficilement et ne pouvait avaler que des aliments liquides, du lait et des crèmes, que faisaient pour lui les sœurs de l'hôpital.

Le visage pâle, les traits creusés, les yeux brillants de fièvre, Jean Moulin reprit ses activités préfectorales dès qu'il en eut la force. Le bâtiment s'était vidé de ses occupants étrangers, et les employés revenaient les uns après les autres. Personne ne parlait plus de sa tragique mésaventure, d'ailleurs les premières troupes ennemies avaient quitté la ville, remplacées par d'autres détachements.

Le travail ne lui manqua pas dans les mois qui suivirent. L'armistice avait été accepté, la guerre était terminée, un nouveau gouvernement s'était installé à Vichy, dirigé par le maréchal Pétain. Tout en respectant ses ordres, Jean Moulin s'efforça d'aider à sa façon la population d'Eure-et-Loir.

C'est ainsi que, avec l'aide d'agents des chemins de fer, il récupéra des stocks de denrées alimentaires contenues dans des wagons oubliés dans l'immense désordre de l'exode, sur les voies de garage de la gare de Chartres. Au nez et à la barbe des Allemands, il les fit distribuer aux collectivités de la région, hôpitaux, internats, cantines, qui en avaient bien besoin.

Sans cesse, il protestait contre les réquisitions de l'armée, qui confisquait des produits agricoles, des animaux de ferme, du matériel... Au titre de frais d'occupation, les soldats allemands prenaient de force dans les maisons, sans rien demander à personne, non seulement l'argent liquide mal caché par les particuliers, mais aussi des postes de radio, des frigos, des armoires, des tapis, sans oublier les vases à fleurs, les glaces, les cadres pour photos, les moindres objets qui leur semblaient avoir quelque valeur.

Au mois de septembre 1940, Jean Moulin reçut la visite de Pierre Meunier, lui aussi un ancien du ministère de l'Air. Il confia à son ami qu'il n'en pouvait plus de servir le gouvernement de Vichy. Pierre Meunier lui conseilla de ne pas démissionner, ce qui le rendrait suspect aux yeux des autorités.

– Patiente un peu, tu t'opposes trop à Pétain et aux Allemands pour ne pas être révoqué, et plus tôt que tu ne le penses. Dès que tes supérieurs auront épluché ton dossier...

Pierre Meunier ne s'était pas trompé : deux mois plus tard, Jean Moulin était limogé, victime aussi d'une dénonciation calomnieuse. À son départ de Chartres, il reçut de multiples témoignages de regrets, des remerciements et des félicitations pour le courage dont il avait toujours fait preuve. La Kommandantur allemande organisa même une réception en son honneur.

Il n'empêche que l'administration envoya bientôt à tous les postes frontières, aux ports maritimes et aux aéroports, une petite note signée par le ministre de l'Intérieur :

« Suis avisé que Jean Moulin, ancien préfet, se disposerait à quitter la France. Stop. Prière lui interdire sortie du territoire, le surveiller discrètement en cas découverte à la frontière et me tenir au courant... »

# S'organiser

Jean Moulin quitta Chartres au plus tôt. Il avait des idées ancrées dans la tête, des idées déjà discutées avec ses amis Frédéric Manhès et Pierre Meunier : ne pas accepter la défaite et se battre contre l'occupant, dont il avait pu mesurer la férocité.

Il connaissait maintenant l'appel lancé par de Gaulle, et il avait décidé de le rejoindre à Londres. Mais pas les mains vides : il voulait apporter au général un maximum de renseignements sur les mouvements de résistance en train de naître, bien que la population française fût en majorité favorable au maréchal Pétain, vénérable vieillard, que l'on considérait encore comme un grand patriote.

Jean Moulin sentait le mouvement naissant ; il en avait eu une preuve supplémentaire avant d'être révoqué, dans une circulaire du ministre de l'Intérieur adressée aux préfets. Cette note lui avait fait chaud au cœur.

Elle évoquait, en exagérant d'ailleurs, la formation de centres clandestins de partisans du général de Gaulle à Paris, Lyon, Marseille et autres lieux ; elle évoquait leurs projets d'organisation, de collectes d'armes... Elle parlait en particulier de la possibilité de manifestations à l'occasion du 11 Novembre. Jean Moulin s'était dit qu'il avait un rôle à jouer dans tout cela.

Il alla s'installer à Saint-Andiol, un village près d'Avignon, où se trouvait la propriété de sa famille. Le lieu était si paisible qu'à l'époque les habitants jouaient encore à la pétanque sur la route nationale. Jean Moulin portait désormais en permanence un foulard autour du cou pour cacher ses cicatrices ; afin qu'on le reconnaisse moins aisément, il s'était laissé pousser de grosses moustaches, et il cachait ses yeux derrière des lunettes noires, comme dans les films d'espionnage. Il s'était préparé à une double vie en se faisant établir dans son ancienne préfecture une fausse carte d'identité au nom de Joseph Mercier, et en se procurant d'autres faux papiers grâce à des gens sûrs de sa connaissance : une feuille de démobilisation de la Marine, et une attestation faisant de lui un professeur de droit aux États-Unis, qui étaient alors un pays neutre...

Ainsi métamorphosé, Jean Moulin retrouva sa mère et sa sœur aînée, Laure. Il revit aussi ses amis, Pierre Meunier à Paris, et Frédéric Manhès, installé à Cannes sur la Côte d'Azur après sa démobilisation. Les trois hommes avaient de nombreuses relations et s'en servirent.

C'est ainsi que Jean Moulin rencontra à Marseille l'officier Henri Frenay, le dirigeant de l'un des premiers mouvements de résistance, mais qui allait devenir plus tard son principal opposant. Il vit aussi des cadres d'autres mouvements clandestins en train de s'organiser. Tous manquaient d'argent pour développer leur propagande, tous désiraient établir une liaison avec Londres.

Jean Moulin se déplaçait beaucoup, en prenant bien des précautions. Par exemple, lorsqu'il se rendait chez sa sœur, à Montpellier où il était connu, il arrivait tard le soir et repartait à l'aube.

À Marseille, pour moins attirer l'attention, l'ancien préfet se faisait accompagner par une amie, Antoinette Sachs, une jeune artiste peintre aux cheveux bouclés. Pourtant, un jour qu'ils étaient ensemble dans un restaurant, un homme s'approcha d'eux. Le visage épanoui, il frappa sur l'épaule de Jean Moulin, en lui tendant ensuite la main :

– Salut, Jean, quelle surprise !

Il s'agissait d'un haut fonctionnaire dont Jean Moulin se méfiait. Il prit donc un air surpris et choqué, répliquant avec un fort accent étranger qu'il ne s'appelait pas Jean et que l'homme qui l'avait interpellé se trompait de personne.

L'autre ouvrit de grands yeux sans comprendre. Il finit par s'excuser de son erreur et s'en alla, étonné par cette ressemblance étrange.

Il y eut plus tard une deuxième rencontre, aussi inattendue, mais plus agréable : en pleine rue, une voiture s'arrêta près de lui, une jeune femme en jaillit, s'exclamant :

– Monsieur le préfet !

Jean Moulin reconnut Jane Boullen, son infirmière-chauffeur durant les rudes journées précédant l'arrivée des troupes allemandes à Chartres. Tout heureux, il répliqua à voix basse :

– Je ne suis pas préfet, vous entendez, Petit Boullen, et je m'appelle Joseph Mercier.

– D'accord, monsieur le préfet.

Ils entrèrent dans un café, Jean Moulin se sentait ému, remué par de proches souvenirs.

Petit Boullen raconta ses aventures. En quittant Chartres elle avait fait un court séjour dans le Midi, puis elle était retournée chez elle, à Amiens. Là, elle fit s'évader des prisonniers de guerre, avant d'être arrêtée. Elle s'évada à son tour pour se réfugier en zone libre*, tout en faisant passer clandestinement la ligne de démarcation à des soldats anglais...

Actuellement, elle était assistante sociale à l'état-major de la petite armée du gouvernement de Vichy, tolérée par les Allemands et appelée armée de l'Armistice. Elle bénéficiait même d'une voiture.

Jean Moulin l'écoutait sans s'étonner. Il retrouvait bien là le caractère décidé de Jane, son courage, son audace. Elle aussi lui confia quelques renseignements sur des résistants de Marseille qu'elle connaissait.

Quand elle partit, l'ancien préfet éprouva un sentiment de regret. Reverrait-il un jour Petit Boullen ? Il l'espérait bien.

---

* Après l'Armistice, il existait une zone occupée par les Allemands, au nord de la Loire, et une zone, dite libre, au sud, administrée par le gouvernement de Pétain. Malgré la répresion policière, elle offrait davantage de sécurité aux clandestins. Passer d'une zone à l'autre nécessitait une autorisation spéciale des Allemands.

# Les premiers levés

Oui, la défaite et l'occupation furent au début un triste soulagement pour nombre de Français. On voulait croire au patriotisme du maréchal Pétain, le « vainqueur de Verdun ». Même s'il avait serré la main d'Adolf Hitler, on pensait qu'il jouait là un double jeu pour le plus grand bien de la France, qu'il était toujours l'ennemi des Allemands.

D'autres pensaient différemment, par instinct, par lucidité. Ils réagirent.

Ce furent d'abord des actes isolés : des inscriptions sur les murs, des sabotages. En Eure-et-Loir, par exemple, le département dont Jean Moulin avait été le préfet, on signala vite des coupures de câbles électriques, des pneus de véhicules allemands lacérés, une moto brûlée... Un peu partout, on récupérait des armes, bien qu'une loi punisse de mort ceux qui ne rapporteraient pas à la mairie un simple fusil de chasse. Tous n'obéissaient pas, au contraire, comme un certain jeune homme, nommé André Cherbois, qui avait trouvé en forêt, dans l'Yonne, dix-sept fusils abandonnés par l'armée française en retraite, avec des cartouches. Il s'empressa de cacher le tout dans le double plancher de la porcherie de son père, prévoyant que ces armes pourraient servir un jour.

Au sujet des armes encore, il y eut, parmi d'autres, cette réaction du Tchèque Zavodsky, un ancien des Brigades internationales\*. Arrivé en France occupée, une fois l'Espagne républicaine vaincue, il s'était dit que la lutte continuait et qu'il lui fallait trouver une arme. Dans une rue de Paris, il aperçut un jour, à l'intérieur d'un salon de coiffure, un calot d'officier sur un porte-manteau, avec un ceinturon portant un étui de revolver. Zavodsky fit irruption dans la boutique, s'empara du revolver et s'empressa de déguerpir sans être rattrapé...

Il faudrait beaucoup plus de pages pour raconter les aventures de ceux qui quittèrent la France après l'occupation afin de reprendre le combat, et de ceux qui les aidèrent.

Ainsi, au mois d'août 1941, cinq jeunes gens de familles aisées étaient en vacances à Fort-Mahon, une plage de la Manche. Ils décidèrent de rejoindre l'Angleterre à bord de deux vieux canots pneumatiques. Une nuit, ils se glissèrent entre les blockhaus édifiés par les Allemands et s'embarquèrent en évitant les

---

\* Les Brigades internationales étaient formées par des étrangers engagés par le gouvernement espagnol pour lutter contre la rebellion du général Franco, soutenu par l'Allemagne nazie et l'Italie fasciste.

patrouilles. La mer était mauvaise, ils se trompèrent de route, longeant la côte au lieu de s'en éloigner, et ils n'évitèrent que par miracle des vedettes allemandes en chasse, tous phares allumés. Après avoir ramé toute une journée, ils aperçurent enfin la côte anglaise où ils abordèrent brutalement, leurs embarcations projetées sur des rochers par les vagues.

Ils parcoururent le rivage en culottes courtes, mouillés, grelottants, agitant un drapeau tricolore. À la fin, ils virent surgir un groupe de soldats écossais... L'odyssée des cinq jeunes Français eut un grand retentissement et provoqua une réorganisation sévère des gardes-côtes anglais, la preuve venant d'être faite que n'importe qui pouvait pénétrer librement en Angleterre...

Il était aussi en ce temps-là dans les Pyrénées, un jeune chef scout qui faisait passer des clandestins en Espagne. Une fois, il dut guider un Parisien portant des chaussures de ville en caoutchouc, trop serrées, que la neige et les pierres abîmèrent bientôt. En pleine escalade du pic de Batoua, à trois mille mètres d'altitude, l'homme se laissa tomber à terre, les pieds en sang, vaincu par la douleur, le froid, la fatigue. Claude Pujol, le scout, avait beau l'encourager, l'homme ne réagissait plus, suppliant qu'on l'abandonne sur place.

Pas question ! Cet abandon aurait signifié la mort, aucun secours n'étant à attendre. Et l'homme pesait trop lourd pour les épaules de l'adolescent. Claude se décida pour une solution extrême. Avec peine, il mit le Parisien debout ; tirant un couteau de sa poche, il lui piqua le dos, lui ordonnant de marcher. La douleur fit réagir le clandestin, il avança... Tout le long du chemin, Claude Pujol continua de le piquer de sa lame. Ensemble, ils traversèrent les Pyrénées et arrivèrent en Espagne où les attendaient des amis. Le Parisien était sauvé.

Au début, à côté des filières d'évasion par l'Espagne, et des réseaux de passage clandestin de la zone nord occupée à la zone sud dite libre, d'autres groupes se formèrent. Des étudiants d'une même faculté, des ouvriers et employés d'une même entreprise... Ils éditaient des tracts, des journaux interdits, pour dire qu'ils refusaient l'occupation et les idées des nazis. Dès le 11 novembre 1940, plus d'un millier de lycéens et d'étudiants manifestèrent à Paris, sur les Champs-Élysées, célébrant la défaite allemande lors de la Première Guerre mondiale ; il y eut des réactions brutales des policiers français et des soldats allemands...

Peu à peu des mouvements clandestins plus importants s'organisèrent. Les principaux que connut Jean Moulin dans la zone « libre », prirent les noms de Combat, Libération et Franc-Tireur. Il y en eut d'autres en zone occupée, plus difficiles à créer au nez et à la barbe des Allemands, plus dangereux à animer.

# Préparatifs de départ

Tout en essayant de rassembler des renseignements sur ce qui ne s'appelait pas encore la Résistance, Jean Moulin organisait en même temps son départ pour Londres. Il possédait déjà, comme on l'a vu, une fausse carte d'identité et une attestation américaine.

Le plus difficile restait à faire : se procurer un passeport et obtenir l'autorisation de quitter la France. Les visas de transit par l'Espagne et le Portugal, ainsi qu'un visa d'entrée aux États-Unis devraient être obtenus sans problème.

C'est le commandant Manhès qui s'occupa du passeport. Il se présenta à la sous-préfecture de Grasse ; l'allure imposante, l'air assuré, et faisant état de son grade d'officier supérieur en disponibilité, il demanda un passeport pour un ami qui avait perdu le sien durant l'exode. L'ami s'appelait Joseph Mercier, né à Péronne, dans la Somme.

L'histoire du commandant parut vraisemblable, et il fut impossible de vérifier si un Joseph Mercier était bien né à Péronne, étant donné que le bureau d'état civil de cette ville avait été complètement détruit par un bombardement au début de la guerre. Jean Moulin, bien sûr, connaissait ce détail au moment où il fit établir sa carte d'identité.

Son passeport obtenu, Jean Moulin alla lui-même demander un visa à la sous-préfecture. Il choisit de s'y présenter un samedi, jour creux. Un seul employé se trouvait de permanence dans le service concerné.

Il remplit un formulaire, montra son attestation de professeur. Le fonctionnaire enregistra sa demande et lui demanda de repasser une semaine plus tard, car la demande devait être examinée par ses chefs.

Jean Moulin leva les bras au ciel : il avait besoin de son visa le jour même ; il insista, expliquant qu'il devait rejoindre son poste d'urgence aux États-Unis, il risquait autrement de le perdre. Et les bateaux se faisaient rares.

La discussion s'éternisa. À la fin, l'employé sortit pour aller consulter un supérieur.

Jean Moulin n'attendait que ce moment. Il se précipita, ouvrit les tiroirs du bureau placé devant lui. Il le fouilla au hasard, trouva par bonheur le cachet qu'il cherchait. Il tamponna alors son passeport et le remit prestement dans sa poche.

Le tampon était également rangé lorsque l'employé revint, levant les bras au ciel et se disant désolé :

– C'est bien ce que je pensais, monsieur, il faut attendre.

L'air déçu, Jean Moulin s'en alla, demandant qu'on

fasse au plus vite pour lui donner satisfaction. Une fois hors de la sous-préfecture, il laissa éclater sa joie.

Le plus difficile était fait ; Jean Moulin obtint immédiatement son visa d'entrée aux États-Unis, mais il dut attendre six mois avant d'obtenir les visas de transit par l'Espagne et le Portugal, ce dernier pays étant celui où il devait prétendument embarquer à destination de New York.

Avant de partir, Jean Moulin fit ses adieux à sa mère, âgée et souffrante, à sa famille. Il dit à Laure, sa sœur aînée, qu'il reviendrait, que sa place au combat se trouvait en France...

Lorsqu'il fit sa valise, Antoinette Sachs, son amie peintre aux cheveux bouclés, l'aida à camoufler sa carte de préfet. Ils découpèrent celle-ci en plusieurs morceaux qu'ils dissimulèrent dans un tube de dentifrice, derrière le cadran d'un réveil et dans la poignée de la valise en cuir, soigneusement décousue et recousue...

Le 9 septembre 1941, Jean Moulin, alias Joseph Mercier, professeur de droit, quitta Marseille en train ; plein d'émotion contenue, il passa la frontière à Cerbère et arriva trois jours plus tard à Lisbonne, capitale du Portugal. C'était un pays neutre, bien que ses dirigeants fussent sympathisants de l'Allemagne nazie...

Son premier soin fut de se précipiter à l'ambassade du Royaume-Uni, de s'y faire connaître sous son vrai nom, et de dire sa volonté de rejoindre Londres au plus tôt.

Les Britanniques l'écoutèrent avec grand intérêt, mais lui expliquèrent que les places d'avion disponibles étaient rares, réservées en priorité aux sujets de

Sa Majesté le roi Georges VI. Les services secrets britanniques voulaient surtout en savoir davantage sur ce préfet français, personnage important. À la fin, ils essayèrent même de l'embrigader dans leurs rangs. Jean Moulin refusa tranquillement leurs avances, mais il dut attendre plus d'un mois avant d'obtenir l'autorisation d'embarquer pour l'Angleterre à bord d'un hydravion.

Avant cela, bouillant d'impatience, rongeant son frein comme un cheval qui veut partir au galop, il passa son temps à préparer le rapport qu'il destinait au général de Gaulle.

# La rencontre décisive

En arrivant à Londres, Jean Moulin fut à nouveau pris en main par les services secrets anglais, puis français. Les uns comme les autres voulaient savoir s'ils n'avaient pas affaire à un imposteur, ils essayèrent de vérifier le moindre détail de sa vie passée. En lui demandant, par exemple, le nom de ses professeurs au lycée de Béziers...

Cinq jours plus tard, Jean Moulin put enfin rencontrer le général de Gaulle.

Leur premier entretien dura plus de deux heures. De Gaulle annula ses autres rendez-vous et l'invita à déjeuner. Jean Moulin fut tout de suite profondément impressionné et séduit. Grand de taille, les gestes lents, les paroles choisies, le général rebelle lui apparut tout pénétré de la mission qu'il s'était fixée : remettre la France au combat, chasser les Allemands, rétablir la République... Jean Moulin savait que la guerre venait seulement de commencer ; finalement peu de Français avaient répondu à l'appel du 18 juin 1940, et les Anglais étaient réservés sur l'action de de Gaulle en dépit du soutien à ce dernier de leur premier ministre Winston Churchill : pour eux, la France, c'était le gouvernement de Vichy... De son côté, l'Amérique venait juste d'entrer en guerre et se méfiait beaucoup de ce général français inconnu, qui semblait rigide et prétentieux, guère disposé à se laisser impressionner par qui que ce soit.

Jean Moulin présenta son rapport, lequel parlait surtout des trois mouvements qui existaient en zone sud, en exagérant quelque peu leur importance réelle. Il demandait en leur nom une reconnaissance de Londres, une aide financière pour pouvoir accentuer leur propagande, et des armes légères, afin de soutenir le moment venu une action des Alliés sur le territoire français.

Jean Moulin insistait sur la nécessité de donner au plus vite des directives et un plan d'action à ces premiers résistants afin d'éviter une certaine anarchie, et aussi pour qu'ils ne soient pas incités à se tourner vers le Parti communiste, devenu très actif. Ce dernier était maintenant engagé dans l'action directe, organisant nombre de sabotages et d'attentats\*, surtout en zone

\* Le Parti communiste français avait été interdit depuis le début de la guerre pour avoir approuvé le pacte de non-agression signé en 1939 entre l'Allemagne nazie et l'Union Soviétique. Une fois la France ocupée, la direction clandestine du parti avait réservé ses attaques contre le gouvernement de Vichy, épargnant l'Allemagne. Une politique que refusèrent bon nombre de communistes. Lorsque l'Allemagne et la Russie entrèrent en guerre l'une contre l'autre, en juin 1941, la position de la direction du parti communiste changea ; elle lança beaucoup de ses adhérents dans la lutte armée...

occupée, bien entendu, là où se trouvaient ses cibles principales.

Deux conceptions s'affrontaient à ce sujet : les nazis avaient instauré une loi sur les otages indiquant que toute attaque contre les Allemands serait punie par l'exécution de civils français. Fallait-il, à cause de cette loi, renoncer à la lutte armée contre l'occupant, c'est-à-dire céder au chantage, ou bien accepter de sacrifier nombre d'innocents ? À cette époque, le général de Gaulle comme Jean Moulin désapprouvaient les attentats, les estimant prématurés.

\*\*\*

Jean Moulin plut beaucoup au chef de la France libre, qui le jugea honnête, droit, patriote, capable de mener de grandes entreprises. Certainement, ce haut fonctionnaire devait savoir discuter, convaincre. De Gaulle trouva dans son rapport la possibilité pratique d'élargir merveilleusement son action, d'organiser en France même un ensemble de combattants pour mener la bataille qu'il avait engagée à partir de Londres.

Il décida donc de confier à Jean Moulin cette mission de première importance : réaliser en zone libre l'unité d'action de tous les éléments qui résistaient à l'ennemi et à ses collaborateurs. L'ancien préfet devait faire en sorte que chaque mouvement existant accentue son travail de propagande et de renseignement ; une liaison radio serait établie en permanence entre la France et Londres. Jean Moulin devrait aussi veiller qu'au sein de ces mouvements soient créées des unités paramilitaires. Celles-ci seraient directement placées sous la responsabilité de de Gaulle... Jean Moulin était désigné pour la zone sud comme représentant direct du chef de la France libre et du Comité national, gouvernement provisoire formé en Grande-Bretagne.

Heureux du résultat de son voyage, impatient de se mettre au travail, Jean Moulin rencontra à plusieurs reprises de Gaulle et ses collaborateurs. Il eut avec le général en exil de longues conversations et reçut de l'argent à distribuer sur place selon les besoins. Pas assez cependant, la France qui combattait en manquait cruellement.

Beaucoup de temps fut passé à régler des problèmes techniques, dans une immense propriété à la campagne où étaient rassemblés, dans le plus strict anonymat, des agents secrets anglais travaillant en Europe.

Là, Jean Moulin fit l'apprentissage du saut en parachute. Au début, il se sentit nerveux ; il vomit même lors de son premier essai.

– Il faut faire sept sauts pour obtenir un brevet, le prévint le moniteur.

Le préfet rencontra aussi les deux opérateurs radio qui devaient l'accompagner en France dans un premier temps. C'est lui qui choisit le code secret qu'ils allaient utiliser, à partir d'un poème, et aussi le nom de guerre qui serait le sien. D'abord il s'appela Ker, ensuite Rex.

Son séjour en Angleterre devait durer quinze jours à l'origine. En fait, il se prolongea durant deux mois.

# Retour en France

chapitre 9

Dans la nuit du 31 décembre 1941 au 1er janvier 1942, un bimoteur anglais survola les côtes françaises. Ses occupants s'étaient souhaité une bonne et heureuse année, mais celle-ci commençait dangereusement pour eux, car des coups de canon retentissaient autour de la carlingue. Chacun retenait son souffle.

La DCA* allemande se tut, l'avion continua sa route. Lorsqu'il survola les Alpilles, la nuit était claire ; pourtant le pilote ne parvenait pas à repérer le lieu du parachutage soigneusement décrit par Jean Moulin, une clairière, non loin de Saint-Andiol, où se trouvait la demeure familiale. L'ancien préfet possédait dans les environs une modeste maison de campagne, en partie creusée dans le roc, et perdue parmi les champs de romarin. C'est là qu'il prévoyait de se réfugier avec ses

\* DCA est un sigle militaire qui désigne l'artillerie de défense antiaérienne d'un pays.

deux compagnons radio.

— Ça doit être dans les parages, décida enfin le pilote.

L'avion se rapprocha du sol, à environ cinq cents mètres d'altitude.

— Go !

Jean Moulin sauta le premier en respirant un grand coup. Trois autres parachutes s'ouvrirent après le sien, celui des deux opérateurs radio, Fassin et Monjaret, et le dernier, auquel était suspendu le container renfermant leur poste émetteur.

Le vent soufflait fort, un mistral à décorner les bœufs, qui dispersa les parachutes, peut-être lâchés d'un peu trop haut. Jean Moulin ne toucha pas la terre ferme, mais tomba brutalement dans un marécage, s'enfonçant à mi-cuisses dans une eau glacée.

Dans la chute, il perdit le matériel réglementaire fourni par l'administration anglaise, soit un revolver, une boussole, ainsi qu'un paquet de sandwichs. Il essaya de se dégager de son parachute, mais il y parvint difficilement, car ses doigts s'étaient engourdis et il grelottait. Après de très longues minutes, il entendit siffler l'air de ralliement prévu avec ses coéquipiers : « Y a un nid dans le poirier, j'entends la pie qui chante... »

C'était Monjaret qui arrivait, et qui l'aida à se tirer d'affaire.

Les deux hommes partirent aussitôt à la recherche de leur camarade.

Ils finirent par le retrouver. Fassin était en train de creuser un trou pour cacher son parachute ainsi que l'appareil émetteur...

Jean Moulin se repéra, il connaissait la région

par cœur ; c'était celle de ses vacances d'enfant et d'adolescent.

– Nous sommes à environ vingt kilomètres de chez moi, dit-il en soupirant. Allez, on y va.

Les trois clandestins partirent en se hâtant. Ils avaient perdu beaucoup de temps, le jour s'était levé, un froid soleil d'hiver éclairait la campagne. À un moment donné, il leur fallut traverser un village. Ils décidèrent de se séparer afin de passer plus aisément. Jean Moulin et Fassin partirent les premiers, l'un après l'autre.

Ça allait être le tour de Monjaret, mais l'homme eut tout à coup la mauvaise surprise de voir surgir des gendarmes devant lui.

– Papiers, s'il vous plaît.

Monjaret possédait de faux papiers impeccables, plus vrais que des vrais, fabriqués à Londres par des spécialistes. L'histoire qu'il raconta avait été mise au point avec Jean Moulin : il avait fait la veille un peu d'alpinisme en compagnie de deux amis, et tous les trois s'étaient laissé surprendre par la nuit pour avoir voulu visiter le moulin d'Alphonse Daudet. Au matin, les deux autres étaient partis rejoindre leurs épouses en prenant le premier autocar à destination de Marseille. Elles devaient s'inquiéter de leur trop longue absence. Lui, suivait plus lentement, en raison d'une cheville tordue.

Les gendarmes s'en allèrent : ils avaient semblé convaincus par cette histoire pourtant un peu tirée par les cheveux. Le radio eut peur qu'ils ne le suivent : alors, au lieu de rejoindre ses compagnons, il s'arrêta sur la route nationale pour prendre, comme il l'avait annoncé, un car pour Marseille. Il était tranquille, le voyage du retour avait été organisé avec soin, y compris des « planques », en cas d'imprévu.

La première planque atteinte s'avéra pourtant dangereuse pour Monjaret : on refusa de le recevoir ; il finit par trouver refuge chez le commandant Manhès dans le Var. Mais c'est seulement après un bon mois qu'il put récupérer son émetteur et devenir opérationnel.

De leur côté, Jean Moulin et Fassin atteignirent leur but, épuisés et affamés... Dans la maisonnette du préfet, ils firent sécher leurs vêtements, mangèrent un reste de chocolat, et dormirent comme des souches.

Le lendemain, Jean Moulin alla retrouver sa sœur et sa famille à Saint-Andiol. Encore treize kilomètres à parcourir à pied. Il les franchit allégrement. Lors de son parachutage, il avait bien perdu son revolver, sa boussole et un paquet de sandwichs, mais il avait toujours dans sa poche une petite boîte d'allumettes à double fond qui contenait une microphotographie de ses ordres de mission. Jean Moulin se sentait plein de courage, confiant dans l'avenir. « Je reviendrai », avait-il promis à sa sœur. Il tenait parole.

# Contacts et frictions

Dès le lendemain de son parachutage en France, Jean Moulin prit son bâton de pèlerin afin de rencontrer les résistants qu'il avait connus avant son départ pour Londres. Sa petite boîte d'allumettes lui ouvrit d'autres portes, lui fit rencontrer d'autres membres de mouvements clandestins. Et ces derniers apprirent vite à prendre au sérieux l'homme aux traits fins, au visage énergique, aux paroles claires et nettes, un foulard toujours enroulé autour du cou.

Les premiers contacts furent excellents, chacun se sentait plein de joie devant la perspective d'une liaison radio avec Londres et d'une coordination de leurs activités. Jean Moulin distribua l'argent qu'il avait apporté, et en promit plus. Cependant, les chefs des trois grands mouvements clandestins de la zone sud dirent qu'ils tenaient à conserver leur liberté d'action ; ils froncèrent les sourcils en apprenant ce que de Gaulle voulait qu'ils organisent des groupes paramilitaires séparés ne dépendant que du général.

– Impossible, dirent-ils. Chez nous on ne choisit pas. Chacun fait ce qu'il a à faire. Et c'est nous qui donnons des ordres.

Ils rappelèrent leurs activités : augmenter le nombre de leurs adhérents, organiser partout où cela s'avérait possible la diffusion de leurs journaux clandestins. Ensuite, rassembler les renseignements dont les Alliés pourraient avoir besoin sur les réseaux de chemins de fer, le travail des usines, la place des dépôts d'essence ; il leur fallait aussi récupérer des armes... Sans parler du repérage des endroits les meilleurs pour les parachutages, les menaces à adresser à ceux qui collaboraient avec Vichy, des abris à trouver pour des familles juives ou des prisonniers évadés... La liste était longue des tâches à accomplir. Tâches dangereuses : même si les Allemands n'occupaient pas officiellement la zone sud, leur police s'y trouvait, de plus en plus active, œuvrant main dans la main avec celle du maréchal Pétain. On ne comptait plus les arrestations et les condamnations...

Jean Moulin resta ferme pour que soient appliquées les instructions qu'il avait reçues à Londres. Il s'organisa solidement. Il avait retrouvé Petit Boullen, puisque c'est elle qui partit à la recherche de l'opérateur radio Monjaret, dont la réapparition se faisait attendre...

Des aides vinrent soutenir l'action de Jean Moulin ; il plaça des officiers de liaison dans chacun des trois grands mouvements, créa un service d'information chargé de faire connaître en France les nouvelles venues de Londres, un service central radio, ainsi que d'autres services, plus spécialisés. Bien que responsable seulement de la zone libre, il se rendit à Paris pour rencontrer les résistants déjà approchés par son ami Pierre Meunier, et des nouveaux, des syndicalistes, des responsables politiques.

Bientôt, des frictions inévitables se produisirent entre le représentant du général de Gaulle et certains dirigeants clandestins qui estimaient que Jean Moulin intervenait trop dans leurs affaires. De son côté, Jean Moulin avait du mal à admettre que l'un de ces dirigeants, par exemple, ait gardé des rapports avec l'administration de Vichy, et que, par ailleurs, il fournisse des renseignements aux services secrets américains, moyennant finances...

Les frictions atteignirent un sommet durant un voyage à Londres que firent en octobre 1942 Henri Fresnay, chef du mouvement Combat, et d'Astier de La Vigerie, chef du mouvement Libération. Les deux hommes se jalousaient quelque peu, mais ils s'allièrent pour mettre en cause Jean Moulin, accusé de n'être qu'un « petit fonctionnaire », coupable d'autoritarisme. D'après eux, sa présence en France n'était pas nécessaire. Ils le dirent haut et fort. Le général de Gaulle affirma le contraire.

– Et que se passerait-il si nous n'étions pas d'accord ? demanda Fresnay.

Le général de Gaulle répondit seulement par l'une de ces phrases solennelles dont il avait le secret :

– La France choisirait entre vous et moi.

Ses deux interlocuteurs ne purent que s'incliner. Ils savaient que le prestige de de Gaulle grandissait chaque jour en France. D'ailleurs, les Allemands avaient maintenant trois insultes principales pour les résistants : gaulliste, communiste, terroriste...

\*\*\*

Bien que domicilié à Saint-Andiol avec la profession déclarée d'agriculteur, Jean Moulin habitait Lyon et se déplaçait très souvent. Il sentit vite la nécessité d'avoir une « couverture » qui expliquerait ses nombreux voyages. Il installa donc à Nice une petite galerie de peinture moderne dont il confia la gestion à une amie, Colette Pons, en qui il avait confiance, et qui était aidée par l'artiste peintre Antoinette Sachs...

Jean Moulin dessinait lui-même, depuis sa tendre enfance, surtout des caricatures. Il faisait naître ses personnages d'une façon particulière, en commençant par représenter leurs pieds sur le papier, pour remonter ensuite le corps jusqu'à la tête. Avant la guerre, des journaux parisiens présentaient régulièrement ses œuvres. Il appela sa galerie Romanin, qui était son nom d'artiste.

Pour garnir ses murs, il y accrocha des tableaux personnels achetés depuis longtemps, avec beaucoup de flair, ou alors des toiles prêtées pour être vendues, œuvres de peintres qui allaient devenir célèbres ou qui l'étaient déjà : Soutine, Kisling, Dufy, Marie Laurencin, Renoir, Suzanne Valadon...

# Les évènements se précipitent

## chapitre 11

Quelques mois après le retour de Jean Moulin en France, bien des Français apprirent avec joie le débarquement des Alliés, Anglais et Américains, en Afrique du Nord, le 8 novembre 1942.

La France possédait à l'époque un vaste empire colonial. C'était pour tenter d'empêcher ces colonies de basculer dans la Résistance que les Allemands avaient laissé une zone « libre » en métropole, dirigée par leur complice, le maréchal Pétain. Celui-ci avait ses hommes dans chaque colonie, qu'il administrait par leur entremise.

L'amiral Darlan, chef des armées françaises en Afrique du Nord et grand ami des Allemands, signa pourtant sans hésiter un armistice avec les Alliés débarqués. Il se proclama haut-commissaire avec leur bénédiction, avant d'être assassiné.

Les Américains avaient sous la main un successeur dévoué tout trouvé : un général français connu, Henri

Giraud, qui venait de s'évader d'Allemagne où il était prisonnier de guerre.

Giraud fut donc installé à Alger. Lui n'était pas pour les Allemands, mais il continua d'appliquer les lois de Vichy, racistes et antirépublicaines. Il refusa de s'allier avec de Gaulle, que les Américains n'aimaient pas beaucoup, on le sait. Il se présenta au contraire comme son rival.

La situation du général de Gaulle devint tout à coup fragile à Londres. Sa place de chef de la France combattante était remise en question. Jean Moulin le sentit. Comme de Gaulle, il voulait que la France ait sa place dans le combat contre le nazisme, mais librement, sans subir la domination de qui que ce soit, américain ou anglais. Il réagit donc immédiatement. Au nom de plusieurs mouvements de résistance, au nom des syndicats, au nom de différents partis politiques clandestins, il adressa un message aux gouvernements alliés. Il les félicitait pour leur action libératrice mais affirmait en même temps que de Gaulle représentait seul la France résistante, et que les « destins nouveaux de l'Afrique du Nord libérée » devaient être remis au plus tôt entre ses mains. Le message eut un profond retentissement, mais il fallut du temps avant que de Gaulle ne parvienne à s'imposer et à écarter le général Giraud.

En attendant, les Allemands avaient envahi la zone libre : la présence des Alliés de l'autre côté de la Méditerranée devenait dangereuse pour eux.

La situation évoluait en France. Beaucoup réagissaient devant l'aggravation des restrictions alimentaires, les mesures racistes contre les Juifs, l'instauration par

Vichy du STO, le service du travail obligatoire en Allemagne, qui poussait bien des jeunes à se cacher, à prendre le maquis*... La guerre mondiale changeait aussi de visage : les Russes ne reculaient plus, les Américains et les Anglais avaient gagné en Afrique du Nord...

Dans l'ancienne zone nord, comme dans le Sud, les organisations clandestines croissaient en nombre et en effectifs, malgré la répression**. Le général de Gaulle envoya des émissaires à Paris pour approfondir le travail commencé par Jean Moulin et ses amis. C'étaient des personnages importants, tels son conseiller Pierre Brossolette et le colonel Rémy. Bientôt le Parti communiste eut un représentant permanent au Conseil national de Londres, et tous les mouvements de résistance acceptèrent l'autorité du Général.

En février 1943, Jean Moulin fit un deuxième voyage en Angleterre. Il aurait dû participer à celui qu'avaient effectué Fresnay et d'Astier de La Vigerie, mais il avait raté le départ pour des raisons d'horaire modifié au dernier moment par sécurité. Un sous-marin était alors venu le chercher sur la Côte d'Azur, mais il se trompa de mouillage. Une troisième tentative fut la bonne.

Le général de Gaulle reçut son représentant avec chaleur, le félicita pour le bon travail accompli depuis un an. Il lui attribua la décoration la plus haute qu'il

---

* Prendre le maquis : expression venue de Corse. Elle signifie se réfugier dans un endroit difficile d'accès, végétation épaisse, forêt, montagne...
** En dépit de leurs réticences, Jean Moulin réussit à rassembler les trois grands mouvements du Sud en un seul organisme qui s'appela : MUR (Mouvements Unis de Résistance).

avait créée, la croix de Compagnon de la Libération. La cérémonie se déroula dans l'intimité. D'après les témoins, Jean Moulin, au garde-à-vous, était ému à l'extrême. Tandis que le général lui remettait sa croix, des larmes coulaient de ses yeux...

De Gaulle nomma Jean Moulin membre du Comité national ; la nouvelle mission qu'il lui confia élargit grandement son travail. C'était non seulement en zone sud, mais dans la France entière qu'il devait maintenant regrouper les mouvements clandestins, les partis politiques et les syndicats dans un même organisme. Ce Conseil national de la Résistance participerait à la libération du pays et préparerait aussi l'avenir. Jean Moulin en était le président désigné.

En même temps, le général nommait chef de l'Armée secrète un général à la retraite qu'il connaissait bien, Charles Delestraint. Il était toujours prévu que l'Armée secrète soit une armée de réserve dans toute la métropole, prête à intervenir seulement le jour du débarquement des Alliés.

C'était là une position différente de celle des FTP (Francs-Tireurs et Partisans), comme de celle d'autres organisations qui se battaient déjà les armes à la main. Devant cette réalité, le général de Gaulle changea de position et admit un peu plus tard « la nécessité des actions immédiates... » Jean Moulin et le général Delestraint avaient déjà compris la chose.

Revenir d'Angleterre en France ne fut pas non plus une affaire facile pour Jean Moulin. Il ne s'agissait pas cette fois d'un saut en parachute, mais de l'atterrissage nocturne hasardeux d'un avion sur un terrain au bord de la Loire. Il dut rester caché une journée entière dans une ferme proche : l'avion avait été repéré, et la Gestapo* arriva sur le terrain d'atterrissage quelques minutes seulement après que l'avion eut redécollé.

Jean Moulin prit ensuite le train à Mâcon pour Lyon. Les Allemands surveillaient les gares, mais ce jour-là, ils ne fouillèrent pas les wagons et les voyageurs.

De toute façon, Jean Moulin n'avait sur lui aucun document compromettant. Ceux qu'il ramenait de Londres devaient lui être remis plus tard, en suivant une filière détournée.

---

* Gestapo : police secrète allemande, ayant pouvoir absolu sur toute personne suspectée de s'attaquer au régime nazi.

# Les petits, les sans-grade

chapitre 12

Les responsables des organisations de la Résistance venaient de milieux différents, leurs opinions n'étaient pas toujours les mêmes sur la façon de mener le combat. Parfois ils se jalousaient, parfois ils se heurtaient avec force. C'est avec eux que Jean Moulin avait à faire. Ils n'étaient que trente ou quarante au sommet.

Mais en même temps, des milliers de simples résistants se battaient aussi, concrètement, contre l'occupant, sous leur direction ou d'une façon isolée. Les exemples suivants montrent qui ils étaient et ce qu'ils faisaient : cinq élèves du lycée Buffon, à Paris, avaient participé avec bien d'autres à la manifestation patriotique du 11 novembre 1940 sur les Champs-Élysées. Depuis, ils s'intéressaient beaucoup aux cours de Raymond Burgard, leur professeur d'histoire, qui leur parlait librement de la guerre et des valeurs humaines à défendre face à la lâcheté, la haine, le racisme.

Lorsque le professeur Burgard fut arrêté, les cinq de Buffon organisèrent une manifestation de protestation dans la cour de leur établissement. Les lycéens réunis crièrent : « Libérez Burgard ! », chantèrent *La Marseillaise*, distribuèrent des tracts. Mais quelqu'un avait prévenu la police, qui arriva sur place au bout de dix minutes à peine, recherchant les « meneurs », qui trouvèrent refuge dans les caves.

Ils ne furent pas retrouvés, mais ils avaient été reconnus. Ils décidèrent alors d'entrer dans la clandestinité : l'un d'entre eux savait comment faire. Ils furent arrêtés, et fusillés, après nombre d'attentats et de sabotages, le 3 février 1943.

Leur spécialité était la distribution de tracts clandestins qui voltigeaient dans le ciel du Havre, libérés par un système d'horlogerie installé au sommet d'un arbre. Ils coupaient aussi des câbles téléphoniques et versaient de la poudre d'émeri dans les réservoirs des véhicules allemands. Ils étaient membres d'une organisation au nom poétique : Vagabond Bien-Aimé.

La brume obscurcissait les maisons et les hommes, comme dans un film à suspense. En fin de soirée, un officier allemand cherchait son chemin près du métro Ternes à Paris, casquette sur la tête, un grand manteau recouvrant son corps presque en entier... Derrière, rasant les murs, une silhouette parut, fragile, presque enfantine. L'officier s'arrêta à l'angle d'une rue, leva la tête pour lire la plaque portant son nom. C'était l'occasion ! Maurice n'hésita plus, il fallait le faire ! Il bondit vers l'homme sombre, leva son bras armé d'un revolver.

L'arme touchait presque la nuque de l'ennemi, il appuya sur la gâchette ! Malheur, l'arme s'enraya ! Au bruit, l'officier se tourna, un colosse. Il poussa un cri, saisit la main armée, la serra.

D'un effort surhumain, Maurice put se dégager, grâce à un coup de genou dans le bas-ventre de l'Allemand, à qui la douleur fit lâcher prise. Ensuite il fit un saut en arrière et s'enfuit... Dans la chambrette qu'il occupait non loin de là, Maurice Feld resta jusqu'à l'aube, recroquevillé sur son lit, le corps agité de tremblements nerveux. Il avait seize ans et demi.

C'était l'heure. Étienne Mallet se précipita sur la radio, tourna le bouton. Il connaissait exactement l'emplacement de l'aiguille sur le cadran du poste. Il écouta : « Ici Londres, les Français parlent aux Français. Voici quelques messages personnels. » N'importe quoi, ces messages, des phrases qui ne semblaient rien dire : « La soupe aux choux bout dans la marmite »... « Le facteur sonnera trois fois »... Soudain, Étienne sursauta. La voix lointaine, et qui parlait du nez, venait de prononcer : « Ma sœur bat le beurre, je répète, ma sœur bat le beurre. »

Le jeune homme se redressa, éteignit le poste. Il sortit de la maison en courant : afin de prévenir les autres... La nuit venue, ils se retrouvèrent une dizaine sur un terrain, près de Saint-Flour. Le parachutage était prévu vers une heure du matin, tout était prêt : des torches pour baliser le terrain, une remorque pour emporter le matériel... Seulement, à 3 heures, l'avion anglais n'était toujours pas là.

— On reviendra demain, c'est la consigne, dit Étienne avec regret.

Les dix rentrèrent chez eux. Le lendemain, un jour d'avril 1943, ils n'étaient pas très frais, à l'atelier ou au lycée...

Un matin de printemps, à Toulon, Victor et l'un de ses camarades, prirent le car qui montait à Collobrières, dans le massif des Maures. Ils allaient récupérer leur part des armes parachutées par les Anglais. Chacun portait pour cela une grosse valise.

L'affaire prit plus de temps que prévu, et les deux hommes ratèrent en fin d'après-midi l'autocar du retour. Ils décidèrent de faire du stop. Sur la route, le premier véhicule qui s'arrêta fut une camionnette de l'armée allemande !

— Montez, fit aimablement le chauffeur.

Impossible de refuser. L'estomac noué, les résistants grimpèrent sur la plateforme, où deux autres soldats allemands les aidèrent à hisser leurs lourdes valises chargées chacune de trois mitraillettes et de chargeurs.

La camionnette repartit. Plus loin, un barrage allemand apparut, qui arrêtait tous les véhicules de passage. Victor vit l'autocar de Collobrières-Toulon en train d'être fouillé de fond en comble...

La camionnette allemande ne fit que ralentir et poursuivit son chemin sans être inquiétée. À Toulon, les soldats aidèrent les résistants à descendre leurs valises de la plateforme.

— Je n'ai jamais eu aussi peur de ma vie, avouera plus tard Victor Étienne.

Le maquis Garnier s'était installé dans une ferme abandonnée non loin d'Auxerre.

La situation était idéale : un puits, l'isolement, la possibilité de se ravitailler non loin de là. Un seul ennui cependant : une autre ferme était cachée dans les arbres. On la croyait vide, mais en fait, un berger l'occupait avec son troupeau de chèvres.

– Je suis certain qu'il nous a vus, dit l'un des maquisards, on doit partir.

D'autres lui répondirent qu'ils ne risquaient rien. La discussion s'engagea, il fallait en avoir le cœur net...

Voilà pourquoi le berger vit un beau matin surgir devant lui deux individus armés, coiffés de feutres et recouverts d'imperméables vert-de-gris :

– Police allemande ! gronda le premier avec un fort accent.

Le second policier demanda au berger s'il n'avait pas vu des gens suspects dans les environs. L'autre répondit que non. Les policiers lui proposèrent de l'argent, beaucoup d'argent pour parler. Comme le berger refusait, ils le menacèrent de mort, hurlant de colère, leur pistolet appuyé sur la tempe de l'homme à genoux :

– Tu es leur complice, un terroriste, parle, pour la dernière fois.

– Mais puisque je n'ai rien vu, reprit le berger.

Les deux policiers finirent par s'en aller, de faux policiers, ou plutôt deux maquisards déguisés, qui se dépêchèrent de rejoindre leurs camarades :

– Nous ne risquons rien, dirent-ils, il ne parlera pas.

Hélène avait son mari prisonnier dans un camp, en Allemagne ; son fils était à l'abri chez de braves gens à la campagne. Elle avait tout le temps pour accomplir ses missions clandestines... Ce matin-là, son cabas était plein de pains de dynamite qu'elle venait de récupérer, lorsque la main d'un policier s'abattit sur son épaule.

Les policiers la ramenèrent chez elle, fouillèrent le moindre recoin de son petit logement, cassant les meubles, déchirant chaque tissu. Hélène se tenait près de la fenêtre ouverte, priant le ciel pour que les policiers terminent leur perquisition au plus vite et l'emmènent. C'est qu'elle attendait la visite de deux résistants qui devaient venir chercher la dynamite chez elle.

Soudain, elle les vit arriver, seuls dans la rue autrement déserte, se rapprochant tranquillement de sa maison devant laquelle stationnait une voiture pleine de policiers. Que faire ? Si elle criait, les policiers comprendraient sans peine à qui elle s'adressait. Si elle laissait monter les résistants, ils seraient arrêtés une fois la porte franchie. Il ne restait à Hélène Cro qu'une solution pour sauver ses amis : sans hésiter, elle grimpa vivement sur le rebord de la fenêtre et se jeta dans le vide du cinquième étage.

En bas, les policiers jaillirent de leur voiture, se précipitèrent vers le corps sans vie de la jeune femme. Personne ne s'inquiéta des deux passants qui pressaient le pas et qui disparurent rapidement.

Les maquisards du détachement Gabrielli étaient cantonnés dans le village de Piles, non loin de Périgueux. Un matin, un guetteur signala l'approche d'une colonne motorisée allemande...

Impossible de résister. Le chef du maquis, qu'on appelait l'Ancêtre car il avait un peu plus de vingt ans, ordonna le repli de ses hommes, incapables de faire face à des chars et des canons...

Les maquisards prirent la fuite. Valentine courut de maison en maison, pour être sûre que personne ne restait à la traîne. Elle fit bien, car des camarades dormaient encore, sans rien savoir du danger.

Sa tâche accomplie, Valentine rejoignit l'Ancêtre à l'entrée du village. La colonne des Allemands s'était beaucoup rapprochée sur la route.

– Nous allons les avoir sur le dos, dit le chef. Mais on va établir un barrage pour les retarder, le temps que nos jeunes se mettent à l'abri. J'ai appelé du renfort par radio.

Valentine vit bientôt arriver un camion chargé de maquisards, les plus anciens de la troupe, les plus aguerris. Au même instant, un coup de canon se fit entendre. L'obus lancé par un char ennemi frappa l'avant du camion, d'où des flammes jaillirent. Les maquisards survivants sautèrent à terre. Ils étaient peu nombreux.

L'Ancêtre avait poussé un grand cri, comme la jeune fille. Il se tourna vers elle :

– Sauve toi ! File rejoindre les autres, ordonna-t-il, et vite : nous ne tiendrons pas longtemps.

Sur ce, il s'élança en direction des maquisards en train de s'installer un peu plus loin, sur les bas-côtés de la route. Des blessés tentaient de s'éloigner à travers champs.

Valentine Bussière fixa sur sa manche le brassard

du 5ᵉ bataillon des Francs-Tireurs et Partisans dont elle faisait partie, empoigna sa mitraillette et se mit à courir pour rejoindre l'Ancêtre...

Guirlande des combats, tu pourrais te dérouler longtemps, guirlande de victoires, de deuils et d'orgueil.

# Le but est atteint

chapitre 13

C'était toujours le même travail, harassant, passionnant : discuter, convaincre, manœuvrer avec obstination, avec fermeté. Tenir le droit chemin sans dévier, rejeter les individualismes, résister à toutes les pressions... Le but en valait la peine : réunir chaque combattant dans un même mouvement, sous l'autorité de celui qui incarnait la Résistance, le général de Gaulle. Montrer que la vraie France était une France unie, en lutte aux côtés des Alliés, sur un pied d'égalité.

En dehors des rivalités intérieures, ce qui posait le plus de problèmes, c'était de faire admettre les partis politiques dans l'organisation. Beaucoup leur faisaient le reproche d'avoir cédé à Hitler avant la guerre, ou alors, d'avoir accepté le pacte germano-soviétique, ceci pour le Parti communiste... Jean Moulin cherchait à convaincre, du matin au soir et du soir au matin. Il voulait que l'on pense à l'avenir et non plus au passé...

La veille de Pâques, il prit un jour de vacances et vint rendre visite à sa vieille mère et à sa sœur Laure dans la maison familiale de Saint-Andiol. Sa sœur le trouva fatigué, et attristé par l'arrestation de son ami Manhès*. Jean Moulin se souvenait de leur rencontre à Chartres, de la promesse qu'ils s'étaient faite alors de ne pas céder... Il raconta à sa sœur son voyage à Londres...

Le soir, il l'avertit : si la nuit, on frappait à la porte, elle devrait aller parlementer avant d'ouvrir. Pendant ce temps, Jean Moulin aurait le temps de fuir à travers champs. Il avait dressé pour cela une échelle contre un mur au fond du jardin.

Le lendemain, le frère et la sœur firent une promenade à bicyclette jusqu'à la petite maisonnette où Jean Moulin s'était réfugié après son parachutage. Ils firent des projets d'avenir, Jean Moulin bricola, scia des branches d'arbre trop gourmandes. Il faisait beau, la terre sentait bon. Comment imaginer, dans ce calme, les malheurs du pays occupé, les menaces suspendues au-dessus de sa propre tête ?

En rentrant le soir, Laure arriva la première à Saint-Andiol. Elle ne vit rien de suspect, mais Jean Moulin ne la rejoignit qu'à la nuit tombée, lorsque aucun voisin ne se montra plus dans les environs. Il en était ainsi à chaque instant de sa vie clandestine, il devait prendre des précautions pour tout et tout le temps. Une tension nerveuse permanente.

En quittant sa demeure familiale, le lundi de Pâques,

---

* Le commandant Frédéric-Henri Manhès, adjoint de Jean Moulin dans la zone nord, fut déporté au camp de la mort nazi de Buchenwald. Il fut un des rares à y survivre...

à l'aube, Jean Moulin rappela à Laure qu'il avait une mission à accomplir. Il lui dit qu'ensuite il irait à Londres pour se faire « oublier » quelque temps. En attendant, il ne fallait surtout pas qu'elle cherche à le joindre, même dans le pire des cas, si leur mère mourait, par exemple... Jean Moulin, appelé « Max » maintenant, savait qu'autour de lui se refermait l'étau des polices française et allemande. Elles le suivaient à la trace, il se sentait à portée de leurs mains... Il avait décidé de tenir le plus longtemps possible, mais il s'inquiétait. Non pour lui, mais de savoir qui prendrait son poste. Il voulait avoir le temps d'apprendre à son successeur tous les secrets qu'il détenait...

La première réunion clandestine du CNR (Conseil national de la Résistance) eut lieu à Paris, le 27 mai 1943. Y assistaient les représentants de huit grandes organisations de la Résistance, de six partis politiques clandestins, et de deux syndicats.

La formation du CNR montra leur force et leur volonté de délivrer ensemble le pays. Elle marqua aussi un désir profond pour l'après-guerre : rétablir les libertés républicaines, proposer de profondes réformes sur le plan économique et social, préparer un meilleur avenir pour tous.

Jean Moulin avait pris les devants. Il avertit de Gaulle à l'avance de cette réunion qu'il allait présider. Son annonce raffermit l'autorité du général, en train de s'installer à Alger en même temps que le Comité français de libération nationale.

La création du CNR joua un rôle puissant pour finir de déconsidérer le gouvernement de Vichy et pour renforcer de façon décisive l'autorité de de Gaulle face aux Alliés.

Sur tous les plans, Jean Moulin pouvait être heureux de la réussite éclatante de son travail. Il avait gagné, et l'union réalisée durerait jusqu'à la victoire.

# La saison des trahisons

À côté de la lutte et de l'héroïsme quotidien, à côté des graves frictions entre certains chefs, la Résistance connut aussi ses lâches et ses traîtres. L'histoire trouble qui suit causa, hélas, la perte de Jean Moulin.

À la fin du mois d'avril 1943, la police allemande arrêta à Marseille Jean Multon, dit Lunel, qui était le secrétaire du chef départemental du mouvement Combat. De par ses responsabilités, Lunel connaissait beaucoup de choses et beaucoup de monde.

La Gestapo n'eut pas à insister beaucoup pour que Lunel dénonce ses amis ; aucun besoin de le brutaliser, encore moins de le torturer. Quelques heures seulement après, d'autres arrestations commencèrent. Au total, elles dépassèrent la centaine...

Jean Multon fut inscrit comme « contre-agent » sur les registres de la Gestapo. Au bout d'un mois, tous les résistants de Marseille savaient qui il était et le fuyaient comme la peste, dès qu'il se montrait quelque part, suivi à distance par des policiers : il était « brûlé ». La Gestapo l'expédia donc à Lyon, à la disposition du chef de la police allemande locale, nommé Klaus Barbie. Là, il pouvait encore être utile aux nazis. Et il le fut.

Multon-Lunel avait eu des rapports avec les résistants de Lyon, siège de la direction de Combat. Il trouva l'adresse d'une « boîte à lettres », c'est à dire d'un lieu où étaient déposés des messages adressés à tel ou tel résistant... La police allemande s'y installa, la Résistance s'en aperçut. Il se trouva pourtant un responsable qui continua à l'utiliser ; c'était là une négligence impardonnable, presque un crime. Multon put donc y trouver un message en clair, c'est-à-dire non codé, du général Delestraint, chef de l'Armée secrète, fixant un rendez-vous à Paris au Lyonnais René Hardy, membre de l'état-major. Celui-ci était un militant qui avait fait ses preuves, en organisant en particulier des sabotages sur les chemins de fer contre des trains allemands. Le rendez-vous était fixé le 9 juin à Paris au métro Muette, à 9 heures du matin.

À partir de ce moment, le hasard joua aussi son rôle dans l'histoire.

Le message de Delestraint ne lui étant jamais parvenu, René Hardy ignorait tout du rendez-vous qui lui était fixé, mais il devait rencontrer un autre résistant à Paris et, le 7 juin, il prit le train de nuit pour la capitale. Le hasard voulut que Multon prenne le même train avec un deuxième contre-agent, Robert Moog, pour aider la Gestapo à « cueillir » le chef de l'Armée secrète. Multon avait rencontré une fois René Hardy à

Marseille, quelques mois auparavant. Il le reconnut avant le départ, à la gare. Lorsque le train pour Paris s'arrêta à une heure du matin à Chalon-sur-Saône, les deux contre-agents s'empressèrent d'avertir les policiers allemands présents sur le quai qu'ils pouvaient faire une bonne prise.

René Hardy fut arrêté, mené en prison où il resta enfermé les 8 et 9 juin. Le 10, il reçut la visite de Klaus Barbie en personne, le chef de la Gestapo de Lyon. L'interrogatoire dura des heures. De nombreux compagnons de Jean Moulin dirent qu'à ce moment-là, Hardy, reconnu comme un résistant important, céda au chantage de Barbie : ce dernier lui promit de ne pas inquiéter sa fiancée en échange des renseignements que Hardy lui communiquerait à l'avenir.

Hardy fut libéré. Il revint à Paris le 12 juin, et raconta à ses camarades qu'il avait échappé à la police allemande à Chalon en sautant de son train à contre-voie, puis qu'il avait fui au hasard, afin que la police perde sa trace. Plus tard, il dira la vérité à certains, mais en l'arrangeant à sa façon.

Entretemps, le 9 juin à 9 heures du matin, le général Delestraint était arrivé à pied au métro Muette, à Paris. Les contre-agents le reconnurent rien qu'à son allure sportive, et au ruban de la Légion d'honneur fixé à sa boutonnière. L'un d'entre eux s'approcha et lui demanda de le suivre, sous prétexte que Hardy ne trouvait pas l'endroit sûr et l'attendait ailleurs.

Sans méfiance, le général se dirigea vers une voiture qui stationnait là. Il demanda même qu'on prenne en charge deux de ses collaborateurs qui devaient se trouver au métro rue de la Pompe à 9 heures 30.

Dans la voiture, les policiers allemands lui passèrent les menottes*.

Lorsque Jean Moulin apprit son arrestation, il saisit aussitôt la gravité de l'événement. Celui-ci le toucha d'autant plus qu'il aimait beaucoup le général Delestraint, qui partageait ses vues et l'aidait autant qu'il pouvait le faire.

---

* Le général Delestraint fut déporté au camp nazi de Dachau et exécuté deux années plus tard dans ce camp, juste avant la fin de la guerre.

# Le drame

*chapitre 15*

La première décision de l'ancien préfet fut de proposer le remplacement provisoire du général Delestraint par deux inspecteurs généraux, en attendant le choix d'un successeur par de Gaulle. Jean Moulin nomma Raymond Aubrac pour l'ancienne zone nord. Ce dernier était un jeune ingénieur responsable des groupes paramilitaires du mouvement Libération. Pour la zone sud, il désigna un professeur lyonnais, André Lassagne...

Restait à obtenir l'approbation des mouvements clandestins. Cela ne posa de problème qu'avec celui de Combat. Son chef était à Londres, et son adjoint, Henry Aubry, refusa de s'engager en son absence.

Afin de régler le problème, Jean Moulin convoqua une réunion le 21 juin à 14 heures. C'est seulement la veille de ce jour qu'André Lassagne en choisit le lieu : la maison du Dr Dugoujon à Caluire, dans la banlieue de Lyon. Six responsables devaient participer à la rencontre en dehors de Jean Moulin, mais Henry Aubry décida de son propre chef d'inviter René Hardy à l'accompagner pour le soutenir, une initiative contraire à toutes les règles de sécurité. Il n'en avertit même pas Jean Moulin, lors d'un entretien préliminaire qu'il eut avec lui.

C'est le 20 juin à 11 heures du matin, au pont Morand à Lyon, qu'Aubry rencontra Hardy. Celui-ci l'attendait, assis sur un banc, à côté d'un homme au visage caché par un journal ouvert. Il fut d'accord avec l'invitation de son responsable ; rendez-vous fut pris pour le lendemain à 13 h 30 au funiculaire de la Croix-Rousse, où André Lassagne les attendrait pour les conduire à la réunion.

Ainsi fut fait : Lassagne, Aubry et Hardy arrivèrent les premiers chez le Dr Dugoujon ; une domestique les mena dans une pièce du premier étage. Deux nouveaux invités les rejoignirent bientôt, Bruno Larat, responsable des parachutages à l'Armée secrète, ainsi que le colonel Lacaze, un tout nouveau venu dans celle-ci.

Jean Moulin fut en retard, on ne sait pourquoi, ce n'était pas dans ses habitudes. Croyant qu'il s'agissait d'un patient du docteur qui venait consulter, la domestique l'installa au rez-de-chaussée. Jean Moulin était accompagné par Raymond Aubrac et le colonel Schwarzfeld, membre de l'état-major du général Delestraint...

À peine furent-ils assis que plusieurs voitures allemandes arrivèrent en trombe sur la place, devant la maison de Dugoujon. Des policiers jaillirent, arme au poing, et envahirent la maison, tant le rez-de-chaussée que le premier étage.

Dans la salle d'attente, en dépit des mitraillettes

menaçantes, Jean Moulin ne perdit pas la tête. Profitant de la confusion, il réussit à saisir des papiers compromettants cachés dans la doublure de sa veste. Il les passa à Aubrac, debout près de lui, qui les avala...

Au premier étage, les résistants présents furent empoignés, fouillés, insultés. Klaus Barbie, le chef de la Gestapo, les interrogea, l'un après l'autre, dans la salle à manger. Il avait arraché un pied à la table et s'en servait comme d'une matraque. Barbie cria à Aubry qu'il l'avait vu la veille au pont Morand : c'est lui qui se tenait assis à côté de Hardy, caché par un journal ouvert... Ensuite, Klaus Barbie fit monter les personnes arrêtées dans la salle d'attente.

Les policiers n'avaient pas encore repéré Jean Moulin parmi leurs prisonniers. Ils libérèrent quelques patients du médecin, facilement reconnaissables ; tous les autres occupants de la maison furent embarqués dans les voitures de la Gestapo.

C'est à ce moment que Hardy s'enfuit. Attaché à une cordelette dont un policier tenait l'extrémité, il se libéra d'un brusque mouvement et partit en courant. Des coups de feu furent tirés dans sa direction. Une balle l'atteignit au bras gauche, brisant un os... Il se dissimula dans un fossé plein d'herbes et s'éloigna un peu plus tard. Deux passants l'aidèrent à rejoindre le domicile d'une amie, mais l'un d'entre eux prévint la police française. On vint l'arrêter et on le livra à la police allemande. Emprisonné à l'hôpital militaire de la Croix-Rousse, Hardy s'échappa une seconde fois, par une fenêtre située au deuxième étage, en escaladant un haut mur, son bras blessé enfermé dans un plâtre...

Telle fut la version qu'il donna de ses aventures. Des témoins y apportèrent plus tard nombre de remarques. C'est ainsi, par exemple, qu'un cantonnier qui avait assisté à l'évasion, devant la maison du docteur, affirma qu'un policier avait tiré, non sur Hardy, mais dans un mur. Un autre policier, armé d'une mitraillette, ne s'en servit pas. Le Dr Dugoujon déclara que l'herbe du fossé dans lequel le fuyard avait affirmé s'être caché n'aurait pas suffi à recouvrir un enfant jouant à cache-cache. Hardy avait été fouillé, comme tous, par la Gestapo, mais il déclara plus tard avoir réussi à dissimuler sur lui le revolver qu'il transportait. S'en était-il servi pour se blesser lui-même ?

Quoi qu'il en soit, les compagnons de Jean Moulin l'accusèrent d'avoir trahi en avertissant Klaus Barbie de la tenue de la réunion de Caluire*. Ce dernier l'aurait fait suivre tout simplement, et serait ainsi arrivé jusqu'à la maison du docteur.

Une fois sorti de l'hôpital, évadé ou libéré, René Hardy, accompagné par sa compagne Lydie Bastien, trouva un refuge dans le centre de la France. En mai 1944, le couple partit pour Alger en passant par l'Espagne. Le fondateur du mouvement Combat était devenu ministre du général de Gaulle dans le Gouvernement Provisoire

---

* Hardy fut jugé à deux reprises après la fin de la guerre, et acquitté au bénéfice du doute malgré les charges qui pesaient sur lui. Il bénéficia du soutien des responsables de son mouvement de resistance et aussi du talent de son avocat, interprétant à sa façon chaque détail de l'affaire, profitant de chaque imprécision, trouvant à tout une explication satisfaisante pour son client.

constitué par ce dernier. Il prit Hardy dans son cabinet...

Les résistants arrêtés à Caluire le 21 juin 1943 connurent des sorts différents.

Klaus Barbie libéra le Dr Dugoujon, ainsi que le colonel Lacaze à qui on ne pouvait trop rien reprocher.

Le colonel Schwarzfeld, ainsi que Bruno Larat, moururent tous les deux dans un camp de concentration nazi. André Lassagne en revint, mais succomba plus tard des suites de sa captivité.

Raymond Aubrac recouvra la liberté grâce à l'action d'un groupe de francs-tireurs commandé par son épouse, Lucie Aubrac, alors qu'il se trouvait encore à Lyon.

Henry Aubry fut condamné à mort, puis libéré par les Allemands fin 1943. Il avait dénoncé des résistants, mais en les sachant à l'abri. Il rejoignit des maquisards à Marseille.

Le traître Jean Multon, sentant le vent de la guerre tourner, s'enfuit en Afrique du Nord et s'engagea dans l'armée du général de Lattre de Tassigny. Il participa au débarquement des Alliés en Provence ; reconnu, arrêté, jugé, il fut condamné à mort et exécuté.

# La fin du récit

chapitre 16

Les personnes arrêtées au domicile du Dr Dugoujon furent emmenées à l'école de santé militaire de Lyon, devenue siège de la Gestapo. On les transféra ensuite en prison au fort de Montluc.

Jean Moulin portait sur lui de faux papiers au nom de Jean Martel, artiste peintre, ainsi qu'une lettre d'un médecin demandant pour son patient au Dr Dugoujon l'adresse d'un bon spécialiste en rhumatologie.

Klaus Barbie ne se laissa pas prendre au piège. Il savait qu'il avait affaire à des résistants importants, mais il ne sut pas tout de suite que Jean Martel était le fameux « Max », recherché dans la France entière, envoyé spécial du général de Gaulle et responsable au sommet de la Résistance intérieure.

Lors d'un premier interrogatoire, il tendit une feuille de papier et un crayon à son prisonnier pour que ce dernier y note les noms et adresses de ses complices. Jean

Moulin prit le papier et esquissa dessus, en quelques traits, une caricature du chef de la Gestapo, comme une moquerie ou un défi... Barbie se mit en colère.

Le 22 juin, lendemain de son arrestation, Jean Moulin fut aperçu par Christian Pineau, un résistant emprisonné au fort, durant la promenade journalière des détenus dans la cour. Max paraissait en forme. Le 23 juin, Barbie apprit qui était vraiment le peintre Jean Martel. Peut-être à la suite d'une rencontre avec René Hardy à l'hôpital de la Croix-Rousse ? C'est ce que dirent aussi les proches de Jean Moulin. Le soir, le Dr Dugoujon vit à travers l'œilleton de la porte de sa cellule passer Jean Moulin dans le couloir, peinant à marcher, la tête entourée d'un pansement. Le 24 juin, c'est Aubrac qui le reconnut à son tour, traîné dans ce même couloir par deux soldats. Les tortures avaient commencé pour faire parler l'ancien préfet, pour lui faire avouer tout ce qu'il savait sur la Résistance...

Le même soir, on vint chercher Christian Pineau, qui jouait dans la prison le rôle de barbier et de coiffeur... Accompagné d'un sous-officier, son rasoir à la main, il descendit jusqu'à une cour intérieure où un homme était étendu sur un banc. Pineau s'en approcha pour voir, cette fois avec horreur, Jean Moulin sans connaissance, une plaie à la tempe. Les lèvres gonflées par les coups reçus laissaient passer un râle. Il réussit à lui faire apporter un peu d'eau. Jean Moulin ouvrit les yeux un instant, avala quelques gorgées, essaya de parler, puis s'évanouit à nouveau... Peut-être était-il seulement plongé dans une semi-inconscience, peut-être voyait-il passer devant ses yeux des images floues et lointaines ?

Les soirs du 24 juin, on fêtait la Saint-Jean à Béziers comme ailleurs. Durant son enfance, Jean Moulin regardait par sa fenêtre les feux de joie allumés devant lui sur le Champ-de-Mars. Filles et garçons tournaient autour, chantant et dansant, célébrant l'été revenu, l'avenir espéré, un avenir que lui ne connaîtrait pas.

Jean Moulin ne faiblit jamais, ne dénonça personne, ne livra aucun secret, « lui qui les savait tous ». Il gagna son dernier combat comme il avait gagné les autres. Pourtant, Klaus Barbie et son équipe s'acharnèrent sur lui sans pitié. Il fut ensuite transféré à Paris, car les grands chefs de la Gestapo y réclamaient les prisonniers de Caluire.

Jean Moulin fit le voyage en voiture, incapable de prendre le train comme ses compagnons, trop faible pour cela*.

À Paris, il reçut quelques soins. Les policiers voulaient le remettre sur pied pour reprendre les interrogatoires, mais il était déjà trop tard. Klaus Barbie fut d'ailleurs blâmé pour son zèle excessif, qui n'avait donné aucun résultat.

Le général Delestraint et Lassagne virent Jean Moulin une dernière fois à Neuilly, prisonnier dans une mansarde transformée en cellule, en haut d'une riche villa occupée par la Gestapo. Jean Moulin était allongé sur un brancard, le visage meurtri, la tête toujours enveloppée d'un pansement, respirant à peine...

Le chef de la Résistance fut expédié vers l'Allemagne dans les premiers jours de l'été 1943. Tout ce que l'on sait, c'est que Max mourut le 8 juillet, à Metz ou à Francfort,

---

* Des résistants avaient prévu d'attaquer le train transportant leurs camarades en gare de Lyon-Perrache, mais l'affaire échoua par manque de temps pour la préparer convenablement.

suite à « une crise cardiaque », comme on osa l'écrire sur son acte de décès. Ordre fut donné de ramener son corps à Paris et de l'incinérer au crématorium du Père-Lachaise.

L'urne qui contient ses cendres porte le numéro 10 137. Elle fut transférée au Panthéon le 19 décembre 1964, au cours d'une cérémonie d'hommage présidée par le général de Gaulle, président de la République. Au Panthéon, où reposent des grands personnages qui ont marqué l'histoire de la France.

\*\*\*

Peu de temps après la mort de Jean Moulin, il y avait dans la cellule numéro 35 de la prison de Fresnes, près de Paris, un résistant du nom de Louis Jaconelli. Personne ne le connaît plus aujourd'hui. Il était d'Aubervilliers, ses compagnons l'appelaient « le valeureux ».

Dans sa cellule, Louis rêvait à son avenir. Il dessinait sur les murs, dressant les plans de la maison qu'il voulait construire et où il vivrait heureux, avec Fernande, la fille qu'il aimait, une fois l'ennemi chassé et la paix revenue...

Louis Jaconelli est parti en fumée dans l'un des fours crématoires du camp nazi de Dora. Il faisait partie de cette multitude de soldats de l'ombre que Jean Moulin voulut transformer en armée, l'armée de tout un peuple rassemblé.

*Eygliers (Hautes-Alpes), été 2009.*

# DOSSIER DOCUMENTAIRE
## JEAN MOULIN

### SOMMAIRE

La guerre et la Résistance . . . . . . . . . . . . . p. 78
Un tract . . . . . . . . . . . . . . . . . . . . . . . . . p. 82
La ronéo de la Sorbonne . . . . . . . . . . . . . p. 83
Dans les corons du Nord . . . . . . . . . . . . . p. 84
Pourquoi ? . . . . . . . . . . . . . . . . . . . . . . . p. 86
La manif . . . . . . . . . . . . . . . . . . . . . . . . p. 86
La dernière lettre ! . . . . . . . . . . . . . . . . . p. 88
Mathurin . . . . . . . . . . . . . . . . . . . . . . . . p. 89
Les Bérets verts . . . . . . . . . . . . . . . . . . . p. 90
Joindre l'utile à l'agréable . . . . . . . . . . . . p. 91
Sur les quais de Paris . . . . . . . . . . . . . . . p. 93
On ne naît pas héros . . . . . . . . . . . . . . . . p. 94

# La guerre et la Résistance

*La Croix de Lorraine symbole de la France Libre.*

La Seconde Guerre mondiale a duré six ans et s'est déroulée dans de nombreux pays. Nous mentionnons seulement les dates les plus importantes du conflit.
C'est par centaines que se comptent les faits et gestes des résistants durant l'Occupation. On trouvera ci-dessous quelques événements s'étant inscrits, tels des symboles, dans la mémoire collective des Français, et quelques anecdotes véridiques, s'ajoutant à celles déjà citées dans le livre.

**1933** : Adolf Hitler devient chancelier dans une Allemagne en proie à la crise économique. Sa doctrine proclame la supériorité de la « race » allemande, et la nécessité de créer une « grande Allemagne ».

**1936** : soulèvement militaire en Espagne dirigé par le général Franco contre le gouvernement légal. Il est soutenu par l'Allemagne nazie et l'Italie fasciste du duce Benito Mussolini.
Victoire du Front populaire en France (socialistes, communistes, radicaux). Jean Moulin, chef de cabinet du ministre de l'Air, s'efforce de faciliter l'achat d'avions par le gouvernement légal espagnol.

*Portrait de Mussolini*

**1936-1938 :** politique d'expansion allemande en Rhénanie, Autriche et Tchécoslovaquie.

**Septembre 1938 :** par les accords de Munich, la France et la Grande-Bretagne acceptent l'occupation par l'Allemagne du territoire tchèque des Sudètes.

**Printemps 1939 :** échec des négociations entre la France, l'Angleterre et l'URSS pour un pacte d'assistance mutuelle contre l'Allemagne.

**23 août 1939 :** signature du pacte de non-agression germano-soviétique.

**30 août 1939 :** invasion de la Pologne par l'Allemagne et par l'Union Soviétique.

**9 septembre 1939 :** la France et la Grande-Bretagne déclarent la guerre à l'Allemagne.

**Hiver 1939-40 :** pendant la « drôle de guerre », les soldats français et allemands restent sans bouger aux frontières.

**10 mai 1940 :** c'est le début de la « guerre éclair ». Les armées nazies envahissent le Danemark, la Hollande, la Belgique et la France.

**14 juin 1940 :** Paris va être occupé. Le maréchal Pétain demande l'armistice.

**17 juin 1940 :** Jean Moulin, préfet à Chartres, résiste aux soldats allemands. Torturé, il tente de se suicider.

**18 juin 1940 :** appel à la résistance nationale lancé par le général de Gaulle depuis Londres. Création des FFL (Forces françaises libres).

*Von Ribentrop, représentant de Hitler et le maréchal Staline signant le pacte de non-agression.*

*Le maréchal Pétain lors de sa rencontre avec Hitler à Montoire en 1940.*

*Affiche placardée à Londres.*

*Déraillement d'un train suite à un sabotage de la Résistance.*

**21 juin 1940** : à Rouen, un câble téléphonique allemand est saboté. C'est le premier acte de résistance connu.
**22 juin 1940** : signature de l'armistice franco-allemand. La France est partagée en trois zones : la zone interdite (départements du nord du pays, proches de l'Angleterre) ; la zone occupée (au nord de la Loire) ; la zone « libre » (au sud de la Loire). Premiers départs de Français vers Londres.
**26 juin 1940** : départ vers l'Angleterre de tous les hommes valides de l'île de Sein, au large de la Bretagne.
**2 août 1940** : comme la France doit payer aux Allemands de très fortes indemnités journalières en vivres, machines, matières premières, des cartes de rationnement apparaissent pour la population : pain, pâtes, sucre, huile...
**Été 1940** : début timide de la création de mouvements et de réseaux de résistance, tant en zone sud qu'en zone nord.
**16 août 1940** : dissolution de tous les syndicats par le gouvernement du maréchal Pétain installé à Vichy. (Le Parti communiste est interdit depuis un an déjà.)

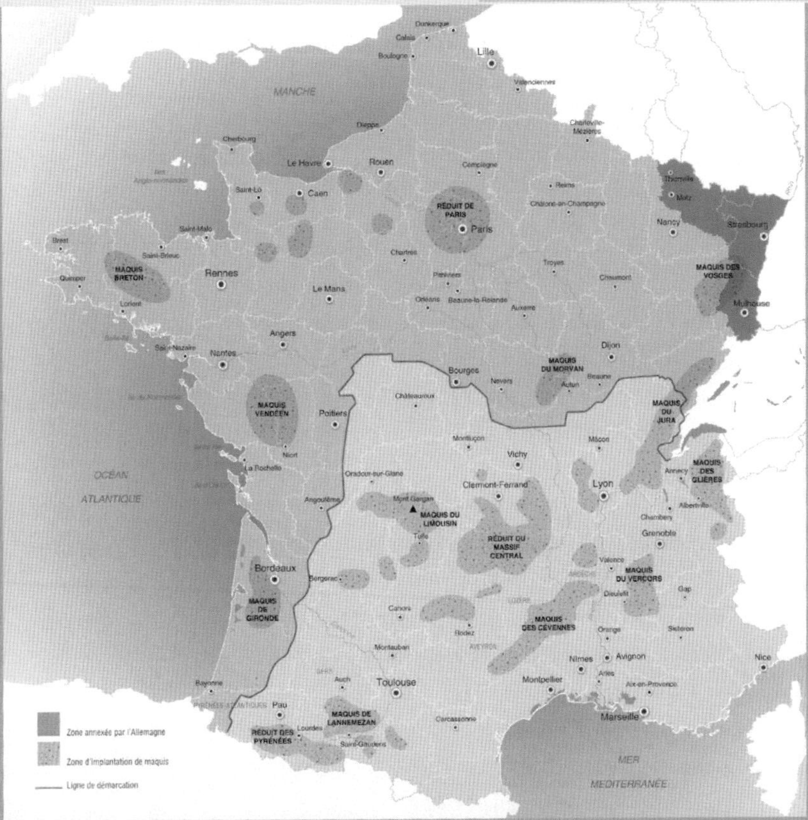

Carte de la France, la zone occupée au nord et la zone libre au sud de la Loire.

Parachutage de munitions pour la Résistance.

# Un tract

Août 1940 à Nantes. Dans une rue déserte de la ville, un jeune, tirant son vélo, glisse des tracts dans les boîtes à lettres. Soudain surgissent des gendarmes. Leur chef crie :
– Hep ! Que fais-tu ? Montre voir ce que tu distribues.
Le jeune homme ne peut qu'obéir. Le gendarme lit le tract dans lequel un syndicat de la ville proteste contre sa dissolution et appelle les ouvriers à se défendre.
Le gendarme se gratte la tête. Il est assez d'accord avec le tract, mais il a reçu des ordres : sévir contre toute contestation. Il doit donc réagir. Alors, il gronde d'une voix mauvaise :
– Regarde-moi ton vélo, il n'a pas de lumière ! Je verbalise pour défaut d'éclairage, non mais. Faut pas te croire tout permis, garçon.

**Septembre 1940 :** loi allemande sur les otages, garantissant sur la vie de ceux-ci l'attitude « correcte » de la population française à l'égard des occupants.
**Octobre 1940 :** apparition des premiers journaux clandestins.

# La ronéo de la Sorbonne

*Au cours de l'hiver 1940, des résistants installèrent dans une cave de la Sorbonne, à Paris, une ronéo appelée Simone. Elle leur servait à tirer la nuit un petit journal refusant la défaite et la collaboration avec les occupants.*
*Une nuit, les apprentis journalistes entendirent non loin un bruit sourd qui dura un bon bout de temps. Par peur d'être découverts, ils déménagèrent Simone pour l'installer dans une nouvelle cache, loin de la Sorbonne.*
*C'est seulement après la Libération que les étudiants apprirent que le bruit qu'ils entendaient provenait d'une autre cave, où d'autres résistants tiraient un autre journal...*

**Octobre 1940 :** premières lois contre les juifs, à l'imitation des lois racistes existant en Allemagne nazie.
**11 novembre 1940 :** « la marche à l'Étoile », grande manifestation de lycéens et d'étudiants à Paris sur les Champs-Élysées.
**30 novembre 1940 :** l'Alsace et la Lorraine sont rattachées à l'Allemagne.
**Mai 1941 :** Cent mille mineurs en grève dans le nord de la France font face à la police et aux soldats allemands : un demi-million de tonnes de charbon est perdu pour les occupants.

# *Dans les corons du Nord*

La Résistance avait commencé d'une drôle de façon pour Eusebio Ferrari, fils d'un immigré italien. Le 1er juillet 1940, le nouveau maire de la petite ville de Fenain, désigné par les autorités allemandes, avait poussé un cri horrifié en voyant un drapeau rouge flotter au-dessus d'un pylône. Il avait aussitôt réagi, commandant qu'on aille chercher le jeune Eusebio, ouvrier électricien, qui possédait une ceinture spéciale d'escalade.
– Pas besoin de ceinture, avait dit Eusebio, je peux monter sans.
Et il avait grimpé lestement jusqu'au drapeau, l'avait caressé de la main avant de redescendre.
– Hé ! avait protesté le maire indigné, tu ne l'as pas décroché !
– Ça non !
Et Eusebio s'était éloigné dignement tandis qu'une petite foule riait, se moquant du maire.
Après cela, Eusebio Ferrari avait continué de résister. Il commit de nombreux sabotages et abattit un officier allemand à Lille. Recherché, il se heurta à un barrage de gendarmes un jour de février 1942. Il était déguisé en femme, mais un militaire remarqua ses mollets poilus. Interpellé, Eusebio s'enfuit et fut abattu d'une balle de mousqueton, alors qu'il escaladait un mur.

**21 juin 1941** : Hitler déclare la guerre à l'Union soviétique.
**Juillet 1941** : début de la formation des FTPF (Francs-Tireurs et Partisans français) et de la lutte armée contre les occupants.
**21 août 1941** : Pierre Georges (le futur colonel Fabien) abat un officier allemand au métro Barbès, à Paris.
**Septembre 1941** : début des fusillades d'otages français en représailles aux attentats contre les occupants.
**16 octobre 1941** : fusillades d'otages à Châteaubriant (aujourd'hui en Loire-Atlantique), mort de Guy Môquet.

*Timbre en l'honneur de Guy Moquet*

**20 octobre 1941** : arrivée de Jean Moulin en Angleterre où il rencontre le général de Gaulle.
**7 décembre 1941** : attaque de la base navale américaine de Pearl Harbor par l'aviation japonaise. Le Japon déclare la guerre aux États-Unis et à la Grande-Bretagne.
**11 décembre 1941** : l'Allemagne et l'Italie déclarent la guerre aux États-Unis.
**1er janvier 1942** : Jean Moulin est parachuté en France.
**20 janvier 1942** : les nazis décident l'extermination totale des juifs. C'est la « solution finale ». Elle fera plus de cinq millions de victimes en Europe.

*Charles de Gaulle à Londres en 1942*

**16-18 juillet 1942** : quinze mille Juifs sont arrêtés à Paris par la police française, enfants compris. C'est la « rafle du Vél'd'Hiv' ».

# Pourquoi ?

*Lorsque les Juifs arrêtés lors des rafles du Vel' d'Hiv furent déportés à Auschwitz, un camp de la mort dont bien peu sont revenus, Armand Wassermann entra dans la Résistance.*
*Il avait seize ans, un visage d'enfant, mais une forte carrure. Ses camarades des groupes de combat juifs furent étonnés par son ardeur ; il était volontaire pour toutes les missions dangereuses et semblait brûler d'un feu intérieur. Ils comprirent pourquoi en apprenant qu'Armand appartenait à une famille nombreuse, et que quatre-vingts de ses parents, proches ou lointains, avaient été arrêtés et déportés.*
**4 septembre 1942** : loi de Vichy sur le travail obligatoire en Allemagne (STO). Beaucoup de jeunes réfractaires rejoignent les maquis (comme celui du Vercors et bien d'autres).

# La manif

*En ce début d'année 1943, Simone manifeste en gare de Montluçon en compagnie de centaines de femmes et de jeunes filles. Il s'agit d'empêcher le départ pour l'Allemagne de jeunes gens requis pour le STO. Ceux-ci sont dans un train, surveillés par des gendarmes. La foule crie, proteste. Le chef de gare a beau siffler le départ, les cheminots font semblant de ne pas entendre.*
*À la fin, les femmes, et Simone parmi elles, vont s'allonger sur les rails, devant la locomotive, pour l'empêcher de partir. Dans les wagons, certains réquisitionnés s'enhardissent, sautent à terre et s'enfuient. Mais*

*tout à coup des soldats allemands arrivent à cheval et chargent pour disperser les manifestants.*
*Simone Thibauld est arrêtée quelques jours plus tard : elle a été dénoncée. Comme elle proteste et se défend, les gendarmes répliquent qu'ils se moquent qu'elle soit innocente ou coupable. Ils expliquent :*
*– On touche une prime chaque fois qu'on arrête quelqu'un.*

**11 novembre 1942** : après le débarquement des Anglais et des Américains en Afrique du Nord, les Allemands occupent la zone sud de la France.
**31 janvier 1943** : création par Vichy de la Milice, formée de mercenaires prêts à tout et chargée de lutter contre la Résistance, particulièrement contre les maquis.
**2 février 1943** : après deux années de défaites, victoire décisive des soviétiques à Stalingrad.
**8 février 1943** : exécution de cinq élèves du lycée Buffon de Paris, en lutte depuis 1940 contre les occupants.

*Parade de la Milice française.*

# La dernière lettre !

« C'est la fin. On vient nous chercher. Tant pis. Mourir en pleine victoire, c'est un peu vexant, mais qu'importe. Le rêve des hommes fait événement. Nano, souviens-toi de ton frangin. Jusqu'au bout, il a été propre et courageux et, devant la mort, je ne tremble pas. Adieu, petite maman chérie. Pardonne-moi tous les tracas que je t'ai faits. J'ai lutté pour une vie meilleure... Adieu, mon vieux papa. Je te remercie d'avoir été chic avec moi... La vie sera belle. Nous partons en chantant. Courage... »
(Extraits de la lettre d'adieu de Pierre Benoît, l'un des cinq lycéens de Buffon.)

*Secrétariat clandestin du PCF en 1943 avec Charles Tillion.*

**Février-mars 1943 :** deuxième voyage de Jean Moulin à Londres.
**27 mai 1943 :** première réunion à Paris du CNR (Conseil national de la Résistance) présidé par Jean Moulin, groupant mouvements de résistance, syndicats et partis politiques clandestins.
**21 juin 1943 :** arrestation de Jean Moulin sans doute sur dénonciation.
**Juillet 1943 :** débarquement des Alliés en Sicile.
**10 septembre 1943 :** insurrection en Corse, complètement libérée en octobre.
**Fin 1943 :** les troupes soviétiques lancent une offensive d'envergure.
**Janvier-février 1944 :** les Alliés progressent en Afrique et en Italie.
**Début 1944 :** formation dans toute la France des FFI (Forces françaises de l'intérieur) à partir des différents mouvements armés de la Résistance, dont l'Armée secrète.

# *Mathurin*

À gauche : *L'Affiche Rouge placardée par les Allemands et dénonçant le groupe Manouchian.*
À droite : *Portrait de Manouchian.*

*Le 10 février 1944, des maquisards rencontrent une patrouille de soldats allemands, près de Tallen, dans le Morbihan. Les FFI ont le dessus mais décident par précaution de quitter la ferme qui leur sert de refuge. Ils y passent en hâte chercher leurs affaires, mais déjà d'autres Allemands arrivent. Les maquisards n'ont que le temps de fuir. Les soldats interrogent le fermier et un blessé qui n'a pas pu partir avec les autres. Ils veulent savoir où sont allés les fuyards. Comme les deux hommes refusent de parler, ils les torturent sauvagement et les achèvent à coups de crosse de fusil. Il ne reste plus dans la ferme que Mathurin, fils d'un cultivateur des environs, âgé de 14 ans. À son tour d'être interrogé, torturé. Lui non plus ne parlera pas avant d'être assassiné. Mathurin Henrio a été décoré après la guerre à titre posthume par le général de Gaulle. C'est le plus jeune des compagnons de la Libération.*

**21 février 1944** : exécution des 23 partisans étrangers du groupe Manouchian, rendus célèbres par « l'Affiche Rouge » placardée en milliers d'exemplaires à Paris et dans plusieurs villes de France afin de provoquer la répulsion de la population à leur encontre.
**6 juin 1944** : le D-Day, jour du débarquement des Alliés en Normandie. D'après le général Eisenhower, commandant en chef des troupes alliées, l'aide de la Résistance (sabotages, lutte armée...) correspondit à l'action de 15 divisions (soit plus de 100 000 hommes).

# Les Bérets verts

Gwenn-Aël a 18 ans ; à force d'en baver, il a réussi, avec cent-soixante-seize autres Français, à faire partie des fameux Bérets verts, commandos d'élite des fusiliers marins anglais. Ils sont là, les cent soixante-dix-sept, à 5 heures du matin, embarqués sur deux barges. Dans le gris du jour naissant, ils regardent autour d'eux une escadre sans fin sur la mer. Devant s'étend la côte normande. Soudain, un grondement immense se fait entendre, les canons des cinq mille bâtiments alliés se sont mis à tirer. Les bateaux de la première vague accélèrent l'allure, les commandos se préparent, fixent leur lourd sac sur le dos, affermissent leur casque. Les barges sont maintenant encadrées par des gerbes d'écume, car les batteries côtières allemandes font feu à leur tour. Un ordre claque. Le colonel Dawson a voulu que les deux barges françaises soient les premières à racler de leur fond plat la terre de France.
Les soldats s'élancent, de l'eau jusqu'à la poitrine, les armes levées à bout de bras pour qu'elles ne se mouillent pas... Autour de Gwenn-Aël Bolloré, des camarades commencent à tomber sous la mitraille et les coups de mortier. Le Breton serre les dents, son cœur bat très fort, il avance. La terre enfin, la terre ferme. Les pieds s'y enfoncent et ne la quitteront plus. C'est la plage d'Ouistreham, ses dunes, son sable doux, son soleil des vacances, ses barbelés à franchir, ses blockhaus en béton, ses mitrailleuses qui crachent...

# *Joindre l'utile à l'agréable*

*Après le Débarquement, des jeunes du lycée La Tour-d'Auvergne, à Quimper, décidèrent de prendre le maquis avec leurs professeurs, n'en pouvant plus d'attendre, et désireux de participer au combat pour la Libération. Ils se battirent les armes à la main, ce qui ne les empêcha pas de suivre des cours de français et de mathématiques entre les combats.*

**10 juin 1944** : destruction du village d'Oradour-sur-Glane par la division blindée « Das Reich » (642 victimes, dont 450 femmes et enfants brûlés vifs dans l'église).

**21-23 juillet 1944** : dernières attaques allemande contre les maquis du Vercors. Durant deux mois, 3 500 maquisards ont tenu tête à plus de 15 000 ennemis, qui n'ont pu ainsi participer à la bataille de Normandie.

*Oradour-sur-Glane après sa destruction.*

*Résistants du Vercors emmenés par trois membres de la Milice.*

**15 août 1944 :** débarquement en Provence (sept divisions des FFL commandées par le général de Lattre de Tassigny et cinq divisions alliées).
**17 août 1944 :** 37 jeunes résistants, surtout des membres de la Jeunesse ouvrière chrétienne, sont exécutés devant la cascade du bois de Boulogne à Paris.
**19 août 1944 :** insurrection parisienne, dirigée par les FFI commandées par le colonel Rol-Tanguy.
**25 août 1944 :** libération complète de la capitale par la 2$^e$ division blindée FFL du général Leclerc : « la 2$^e$ DB. »

*Voiture de la FFI.*

*Libération de Paris : foule amassée sur les Champs-Élysées.*

# Sur les quais de Paris

Non loin du Pont-Neuf, en pleine rue, une fusillade éclate entre deux soldats allemands et deux jeunes FFI. Les balles sifflent, et les voisins se cachent à peine pour assister au combat qui tourne à l'avantage des Français. Un Allemand gît à terre, le deuxième se rend. Les FFI s'apprêtent à rejoindre leur barricade. L'un d'entre eux a son torse nu qui ruisselle de sueur. Une vieille dame se précipite vers lui, sort de son sac un mouchoir brodé, entreprend de lui frotter le dos, en lui disant d'un ton de reproche :
– Mais enfin, jeune homme, ne restez pas comme ça, vous allez attraper du mal !
Quatre tanks allemands arrivent place de l'Hôtel-de-Ville. Des FFI tirent sur eux par les fenêtres des maisons voisines. Soudain, une jeune fille s'élance, venant du quai de Gesvres. Elle porte une jupe rouge et tient à la main une bouteille incendiaire. Elle court sur la place, sans peur ; le premier tank atteint, elle l'escalade, jette sa bouteille à l'intérieur de la tourelle. Aussitôt, le tank s'enflamme. Les trois autres reculent et disparaissent…

**23 novembre 1944 :** Strasbourg est libéré par la 2<sup>e</sup> DB, dans laquelle se sont engagés nombre de FFI.
**22 avril-2 mai 1945 :** derniers combats entre Russes et Allemands autour de Berlin pris d'assaut. Adolf Hitler se suicide le 30 avril.
**7 et 8 mai 1945 :** capitulation allemande sur tous les fronts.
**6 et 9 août 1945 :** bombardements atomiques américains sur les villes japonaises d'Hiroshima et Nagasaki.
**2 septembre 1945 :** le Japon capitule à son tour. Fin de la Seconde Guerre mondiale, qui a fait, tous pays confondus, environ quarante-neuf millions de victimes.

*Nuage atomique au-dessus de Hiroshima.*

# On ne naît pas héros

*Portrait de Jean Moulin*

Jean Moulin vit le jour à Béziers, le 20 juin 1899. Son père, Antonin, était professeur ; républicain de gauche, laïque, il fut membre du conseil municipal de la cité et ensuite conseiller général. Ses convictions l'amenèrent, par exemple, à prendre position pour le capitaine Dreyfus lorsque ce dernier fut accusé d'espionnage au service de l'Allemagne, principalement parce qu'il était juif... Les opinions politiques d'Antonin Moulin eurent une grande influence sur son fils.

La mère de Jean Moulin était croyante. Elle insista pour que ses enfants soient baptisés et fassent leur première communion. Jean Moulin avait une sœur, Laure, et un frère qui mourut très jeune. La famille habitait à Béziers un logement étroit qui donnait sur le Champ-de-Mars, une place où, tous les matins, les soldats de la caserne voisine venaient s'entraîner, et où chaque après-midi s'installaient les joueurs de boule. La place servait aussi aux cirques de passage, ainsi qu'aux foires agricoles.

Un jour (Jean Moulin avait alors huit ans), il vit en se réveillant un spectacle inhabituel : la place, comme toutes celles de Béziers, était emplie de milliers de charrettes. C'étaient les viticulteurs du Midi qui venaient clamer leur détresse face à la mévente de leur production. Leurs pancartes disaient presque toutes la même chose : *Je n'ai plus de pain et six enfants à la maison.*

Pour les vacances de Pâques et d'été, les enfants Moulin partaient dans la maison familiale de Saint-Andiol, dans les Bouches-du-Rhône...
Jusqu'à l'âge de 17 ans, Jean Moulin fit ses études au collège Henri-IV. C'était un enfant gentil, gai, heureux de vivre. Il aimait le dessin par-dessus tout depuis son plus jeune âge ; c'est ce qui explique peut-être sa tendance à délaisser quelque peu son travail scolaire. Ses professeurs disaient de lui : « Il sera un excellent élève lorsqu'il se décidera à travailler... »
Cette décision, Jean Moulin la prit en classe de seconde.
Lorsqu'il était en classe de première, on interrogea les élèves : Quel est votre héros préféré ? Jean Moulin choisit Vercingétorix. L'explication qu'il donna s'accorde étrangement avec ce que fut son passage dans la Résistance, plus tard, et avec la fin de sa vie : « Vercingétorix est le héros de l'indépendance gauloise. Il combattit et se sacrifia pour la liberté de sa patrie... Il communiqua son ardeur aux Gaulois qui firent taire leurs querelles et se rallièrent... C'est bien toute la Gaule qu'il souleva. »*
La Première Guerre mondiale battait son plein lorsqu'il passa son baccalauréat, en 1917. Il l'eut de justesse, malgré la résolution qu'il avait prise deux ans plus tôt. Il s'inscrivit ensuite à la faculté de droit de Montpellier et, grâce aux relations de son père, il entra en même temps au cabinet du préfet de l'Hérault. La guerre le rattrapa : il fut mobilisé en avril 1918. Il n'alla pourtant jamais au front, mais l'armée lui fit faire différents métiers : menuisier, terrassier, téléphoniste, sapeur dans le génie...

* *Texte cité par Daniel Cordier :* « Jean Moulin » Tome 1 *(Ed. J.C.Lattès)*

Après la Première Guerre, Jean Moulin poursuivit dans plusieurs villes de France une carrière de haut fonctionnaire, devenant successivement chef de cabinet, sous-préfet, et enfin préfet...
Son travail ne l'empêchait pas d'aimer la montagne, l'alpinisme, le ski. Et aussi la lecture, l'art moderne, la poésie, la musique. Il fréquenta des artistes, des poètes... Malgré ses nombreuses occupations, il trouvait toujours le temps de dessiner. Et avec un talent certain puisque des journaux publiaient régulièrement ses œuvres, des caricatures surtout, mais aussi des paysages et des personnages.
Jean Moulin a été discret sur ses amours. On peut penser toutefois qu'il vécut différentes aventures. Plusieurs femmes et jeunes filles passèrent dans sa vie, y compris aux heures sombres de l'Occupation, sans que l'on puisse savoir ce qu'elles ont exactement représenté pour lui.
On sait seulement que durant la Première Guerre mondiale, il allait le plus souvent possible en permission à Paris chez de lointains parents. Il était amoureux de sa cousine Jeannette, mais lorsqu'il la demanda en mariage, les cousins refusèrent leur accord, Jean Moulin ne leur semblant pas un parti assez intéressant pour leur enfant.
En 1926, le sous-préfet Jean Moulin épousa une jeune fille du nom de Marguerite Cerruti, âgée de 19 ans, dont le rêve était de devenir chanteuse à Paris et non de présider les réceptions que son mari devait donner à la préfecture... Leur divorce fut prononcé deux ans plus tard.

En ce temps-là, l'Europe était en train de changer de visage. Le chancelier Hitler avait pris le pouvoir en Allemagne en 1933, et le chef fasciste Benito Mussolini dirigeait l'Italie. En février 1934, les partis d'extrême droite manifestèrent à Paris avec violence, mais aux élections de 1936, c'est le Front populaire qui l'emporta, groupant les partis de gauche.

Jean Moulin avait été profondément choqué par les manifestations fascistes de 1934. Il accepta de devenir chef de cabinet de son ami Pierre Cot, un homme politique important qui devenait ministre de l'Air.

Au ministère de l'Air, Jean Moulin fut principalement chargé de s'occuper de la création d'une aviation populaire pour les jeunes : ouverture d'aéroclubs, développement du vol à voile. Mais une tâche plus importante l'attendait. En Espagne, le général Franco et ses « légionnaires » s'étaient rebellés contre le gouvernement républicain. Franco était soutenu par les nazis allemands et les fascistes italiens. Beaucoup de gens comprirent qu'en fait c'était là le prélude de la Seconde Guerre mondiale...

Le gouvernement espagnol demanda une aide matérielle à la France en vertu d'accords passés entre les deux pays. Mais le gouvernement français décida de rester neutre, pratiquant une politique de « non-intervention ».

Malgré cela, Jean Moulin s'occupa de faciliter l'envoi d'avions français en Espagne, directement ou bien en les faisant transiter par des pays étrangers qui faisaient semblant de les acheter. De même, il s'occupa de trouver des volontaires pour les piloter. À cette époque-là, 10 000 français se mirent au service du gouvernement espagnol au sein des Brigades internationales...

Après la période du Front populaire, Jean Moulin occupa plusieurs postes en province avant d'être nommé préfet d'Eure-et-Loir.

Il se trouvait donc à Chartres au début de la « drôle de guerre ». Il avait demandé à plusieurs reprises à être envoyé au front, mais le ministre de l'Intérieur ordonna à ses préfets de rester à leur poste.

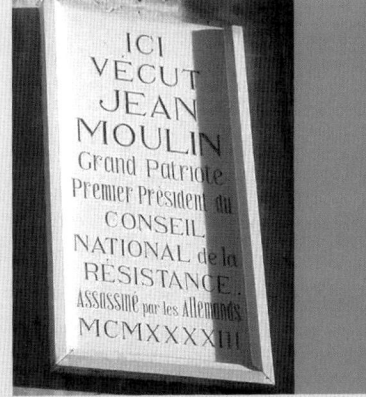

*Plaque en l'honneur de Jean Moulin.*

Ce livre est l'histoire de Jean Moulin, et non celle de la Résistance. Voilà pourquoi nombre de combattants importants n'y sont pas mentionnés. En particulier, ceux du nord de la France.

Plusieurs ouvrages ont été publiés concernant la vie de Jean Moulin, et certains interprètent son action d'une façon différente de celle qui est décrite dans ce récit. Jean Moulin, on le sait, n'a pas eu que des amis parmi les différents responsables de la Résistance et, depuis la fin de la Seconde Guerre mondiale, des polémiques politiques se sont mêlées à l'Histoire, que certains racontent à leur façon. Rappelons aussi que René Hardy, accusé d'avoir dénoncé Jean Moulin et permis son arrestation, n'a pas été condamné par la justice française...

Parmi les ouvrages qui ont servi à écrire ce livre, citons :

Jean Moulin, *Premier combat*, préface du général de Gaulle, éditions de Minuit, 1947 (Jean Moulin raconte lui-même le drame de Chartres).

Laure Moulin, *Jean Moulin*, Presses de la Cité, 1982 (Laure Moulin parle de son frère).

Daniel Cordier, *Jean Moulin, l'inconnu du Panthéon : tome 1*, Une ambition pour la République; tome 2, Le choix d'un destin, J.-Cl. Lattrès, 1995.

Daniel Cordier, *Jean Moulin. La république des Catacombes*, Gallimard, 1999.

Henri Michel, *Jean Moulin, l'unificateur*, Hachette, 1964.

Henri Noguères, *Histoire de la Résistance en 5 volumes*, Robert Laffont, 1967-1981 (une édition enrichie en 10 volumes a été publiée chez Famot à Genève en 1982).

Les anecdotes véridiques qui parsèment cet ouvrage ont été recueillies dans des livres, revues, journaux, trop nombreux pour être mentionnés ici.

# Dans la même thématique
# RÉSISTANTES RÉSISTANTS

**LUCIE ET RAYMOND AUBRAC,
à la vie à la mort**
Juin 1943 : huit résistants tombent aux mains de Klaus Barbie, chef de la Gestapo de Lyon. Parmi eux, Jean Moulin, qui meurt sans avoir parlé, et Raymond Aubrac, incarcéré à la prison Montluc. Apprenant la terrible nouvelle, Lucie, la femme de ce dernier, va tout entreprendre pour faire évader son mari.
*Auteur : Patrick Bousquet-Schneeweis*

**SOPHIE SCHOLL
La rose de la liberté**
Sophie Scholl et son frère Hans sont de jeunes étudiants allemands qui ont le courage en juin 1942, au péril de leur vie, de dénoncer le nazisme et de créer un mouvement de résistance appelé « la Rose blanche ».
*Auteur : Magali Wiéner*

**GERMAINE TILLION
Un combat pour la paix**
L'histoire de Germaine Tillion, ethnologue et grande figure de la Résistance française. Elle incarne l'image de la combattante pour la dignité humaine.
*Auteur : Janine Teisson*

**UN SOLDAT ALLEMAND DANS LA RÉSISTANCE FRANÇAISE
Le courage de désobéir**
L'histoire d'Hans Heisel, soldat de la Marine allemande. Comprenant qu'il est complice d'un immense crime organisé par le régime nazi, il n'a d'autre choix que trahir son armée, son pays, pour suivre ses convictions.
*Auteur : Gérard Streiff*

**AVEC LE GROUPE MANOUCHIAN**
**Les immigrés dans la Résistance**
La mère d'Aliona a été arrêtée lors d'une rafle antijuive, et son père s'est engagé dans la Résistance. La jeune fille est amenée à côtoyer les membres du groupe dirigé par Missak Manouchian...
*Auteur : Didier Daeninckx*

**LES ENFANTS D'IRENA SENDLEROWA**
Anna, Arthur et Sacha trouvent une liste de noms, de prénoms et de dates. Soucieux d'en connaître la signification, ils mènent une enquête et se retrouvent plongés dans une des périodes les plus sombres de notre histoire...
*Auteur : Catherine Le Quellenec*

**LA FEMME NOIRE QUI REFUSA DE SE SOUMETTRE**
**Rosa Parks**
Le récit de la vie de Rosa Parks qui, en refusant de céder sa place à un homme blanc dans un bus, a déclenché la prise de conscience de la communauté noire américaine.
*Auteur : Éric Simard*

**ROSA PARKS, LA FEMME QUI A CHANGÉ L'AMÉRIQUE**
L'histoire de Rosa Parks, figure emblématique de la lutte pour les droits des Noirs aux États-Unis...
*Auteur : Éric Simard*
De 11 à 111 ans

## JE SUIS UN HOMME
### Martin Luther King

Mike appartient au Ku Klux Klan. Humilier, insulter ou même brutaliser les Noirs fait partie de son quotidien. Mais lorsqu'il entend pour la première fois Martin Luther King, quelque chose commence à changer en lui...
*Auteur : Éric Simard*

## NELSON MANDELA
### Humble serviteur de son peuple

L'itinéraire de l'homme exceptionnel qu'est Nelson Mandela, le symbole de la liberté et de la paix, le militant contre le régime de l'apartheid.
*Auteur : Philippe Barbeau*

## PATRICE LUMUMBA
### La parole assassinée

Le 17 janvier 1961, Patrice Lumumba, Premier ministre du Congo indépendant mourrait assassiné. Leader indépendantiste et nationaliste, c'était un homme droit qui resta toujours fidèle à ses idéaux de justice et de liberté.
*Auteur : Yves Pinguilly*

## LOUISE MICHEL
### Une femme libre

Voici la biographie d'une femme libre et courageuse, prête à sacrifier sa vie pour soutenir les espoirs du peuple parisien pendant la Commune et ceux des Kanaks en révolte...
*Auteur : Lucile Chastre*

## Sélection de titres publiés chez Oskar Éditeur

Pour plus d'informations, consultez notre site :
www.oskarediteur.com

### VERCORS, UN VENT DE LIBERTÉ

Deux jeunes, Pierre-Louis et Jeannot, rêvent d'aventures et d'amour. La France est occupée et après le débarquement des Alliés en Normandie, des milliers de résistants se retrouvent sur le plateau du Vercors. Une inscription indique : «Ici commence le pays de la liberté»...

*Auteur : Bertrand Solet*

### LE PASSEUR DE MOQUE-SOURIS
**Héros malgré lui, 1941-1942**

Juin 1940. La France capitule devant l'Allemagne. Paul, 15 ans, vit dans une petite ville des bords du Cher séparée par une ligne de démarcation qu'il franchit chaque jour pour se rendre au collège, en zone libre.

*Auteurs : Philippe Barbeau et Christian Couty*

### LE RÉSISTANT DE TROTTE-MENU
**Vaincre à tout prix, 1942-1944**

Alors que Paul traverse le Cher pour rejoindre sa belle Rachel, le jeune homme est surpris par une patrouille allemande. Parvenant à s'enfuir, il trouvera refuge à la ferme de Trotte-Menu, et rejoindra les rangs de la Résistance.

*Auteurs : Philippe Barbeau et Christian Couty*

### LE FANTÔME DES CHEMINS DE FUMÉE
**À la recherche d'une déportée 1944-1945**

Septembre 1944. La vallée du Cher où vit la famille Dimier est en zone libérée. Après son combat victorieux au côté de la Résistance, Paul rentre à la ferme familiale. Mais il ne cesse de penser à Rachel...

*Auteurs : Philippe Barbeau et Christian Couty*

## JUSQU'À LA GROTTE DE LA LUIRE
**Résistants dans le Vercors**

Jules, et son cousin Paul réfractaire au STO, sont surpris par un groupe de soldats allemands et séparés dans leur fuite. Jules, d'abord caché avec un groupe de réfugiés, rejoindra le maquis du Vercors et les combattants de la « République Libre »…
*Auteur : Ahmed Kalouaz*

## UN FACTEUR DANS LA RÉSISTANCE MARTIAL, 20 ANS

Depuis la mort de son père, Martial s'occupe de sa mère et de sa jeune soeur. Son maigre salaire de facteur pourvoit aux besoins de la famille. Mais, bientôt, les Allemands envahissent la France…
*Auteur : Christine Deroin*

## ÉMILIE, FILLE DE CHEMINOTS DANS LA RÉSISTANCE

Émilie n'était qu'une enfant pendant la Seconde Guerre mondiale, alors que ses parents étaient intégrés dans la Résistance des cheminots. Devenue adulte, elle essaie de reconstituer cette histoire…
*Auteur : Christine Deroin*

## 36 RUE AMELOT

Nathan, jeune juif polonais ayant fui avec ses parents Varsovie, et Mathieu, petit français, sont pris dans la tourmente de la Seconde Guerre mondiale à Paris dans le XIe arrondissement. Amis, ils prennent conscience du danger d'être juif à cette époque. Les parents de Nathan aidés par l'entourage de Mathieu entrent en Résistance, le père au sein du Mouvement des Ouvriers Immigrés et la mère au 36 rue Amelot…
*Auteur : Christine Deroin*

Publié par Oskar Éditeur
21, avenue de La Motte-Picquet
75007 Paris - France
Tél. : +33 (0)1 47 05 58 92
Fax : + 33 (0)1 44 18 06 41
E-mail : oskar@oskarediteur.com
Site Internet : www.oskarediteur.com

Auteur : Bertrand Solet
Conception graphique, direction artistique : Raphaël Hadid
Mise en page : David Lanzmann
Direction éditoriale : Françoise Hessel

Précédente édition en 2009

© Oskar, 2013
ISBN : 979-10-214-0065-8
Dépôt légal : Mai 2013
Imprimé en France par Avenir Numérique (92)
Loi n° 49-956 du 16 juillet 1949 sur les publications destinées à la jeunesse